LE CORPS UTOPIQUE, LES HÉTÉROTOPIES

LE CORPS UTOPIQUE,
LES HÉTÉROTOPIES
postface par Daniel Defert
O CORPO UTÓPICO,
AS HETEROTOPIAS
com posfácio de Daniel Defert
© Nouvelles Éditions Lignes, 2009
© n-1 edições, 2013

Édition bilingue: Français – Portugais

«Le corps utopiques» et «Les hétérotopies» sont deux conférences radiophoniques prononcées par Michel Foucault, les 7 et 21 décembre 1966 sur France-Culture. Ces conférences ont fait l'objet d'une édition audio sous le titre «Utopies et hétérotopies» (INA-Mémoires vives, 2004). «Les hétérotopies» a fait l'objet d'une édition, dans une version raccourcie et remaniée, sous le titre «Des espaces autres», aux Éditions Gallimard (Dits et Écrits, t. IV).

Tout en adoptant les usages éditoriaux et finlandais, n-1 edições ne suit pas forcément les normes institutionnelles courantes dans la mesure où l'édition est un travail de création qui doit interagir avec la pluralité des langues et la singularité de chaque ouvrage publié.

Coordination éditoriale: Peter Pál Pelbart
    e Ricardo Muniz Fernandes
Assistant d'édition: Inês Mendonça
Projet graphique: Érico Peretta

La reproduction partielle de ce livre sans but lucratif est autorisée — sous n'importe quelle forme, imprimée ou électronique — à condition d'en mentionner la source. Pour une reproduction intégrale, prière d'entrer en contact avec les éditeurs.

n-1edicoes.org

Cet ouvrage, publié dans le cadre du Programme d'Aide à la Publication 2013 Carlos Drummond de Andrade de la Médiathèque de la Maison de France, bénéficie du soutien du Ministère français des Affaires Étrangères et Européennes.

RÉPUBLIQUE FRANÇAISE

Cet ouvrage a bénéficié du soutien des Programmes d'aide à la publication de l'Institut français.

INSTITUT
FRANÇAIS

Imprimé en São Paulo
2e édition | Octobre, 2021

MICHEL FOUCAULT
LE CORPS UTOPIQUE, LES HÉTÉROTOPIES

POSTFACE, PAR DANIEL DEFERT

7   LE CORPS UTOPIQUE

19 LES HÉTÉROTOPIES

33 POSTFACE,
    PAR DANIEL DEFERT

O CORPO UTÓPICO

Do lugar que Proust ocupa, docemente, ansiosamente, sempre e a cada vez que desperta, deste lugar, se meus olhos estiverem abertos, não posso mais escapar. Não que ele me paralise – pois, afinal, posso não apenas mover-me e remover-me, como posso também *"movê-lo"*, *removê-lo*, mudá-lo de localização – apenas isto: não posso deslocar-me sem ele; não posso deixá-lo lá onde ele está para ir-me a outro lugar. Posso até ir ao fim do mundo, posso, de manhã, sob as cobertas, encolher-me, fazer--me tão pequeno quanto possível, posso deixar-me derreter na praia, sob o sol, e ele estará sempre comigo onde eu estiver. Está aqui, irreparavelmente, jamais em outro lugar. Meu corpo é o contrário de uma utopia, é o que jamais se encontra sob outro céu, lugar absoluto, pequeno fragmento de espaço com o qual, no sentido estrito, faço corpo.

Meu corpo, *topia* implacável. E se, por sorte, eu vivesse com ele em uma espécie de familiaridade gasta, como se com uma sombra, ou com as coisas de todos os dias que no fim das contas não enxergo mais e que a vida embaçou; como as chaminés, os tetos que, todas as tardes, se ondulam diante de minha janela? No entanto, todas as manhãs, a mesma presença, a mesma ferida; desenha-se aos meus olhos a inevitável imagem imposta pelo espelho: rosto magro, ombros arcados, olhar míope, sem cabelos, realmente nada belo. E é nesta desprezível concha da minha cabeça, nesta gaiola de que não gosto, que será preciso mostrar--me e caminhar; é através desta grade que será preciso falar, olhar, ser olhado; sob esta pele, deteriorar. Meu corpo é o lugar sem recurso ao qual estou condenado. Penso, afinal, que é contra ele e como que para apagá-lo que fizemos nascer todas as utopias. A que se deve o prestígio da utopia, a beleza, o deslumbramento da utopia? A utopia é um lugar fora de todos os lugares, mas um lugar onde eu teria um corpo *sem corpo*, um corpo que seria belo, límpido, transparente, luminoso, veloz, colossal na sua potência, infinito na sua duração, solto, invisível, protegido, sempre transfigurado; pode bem ser que a utopia primeira, a mais inextirpável no coração dos homens, consista precisamente na utopia de um corpo incorporal. O país das fadas, o país dos duendes, dos gênios, dos mágicos, este é o país onde os corpos se transportam tão rápido quanto a luz, o país onde as feridas se curam com um bálsamo maravilhoso na duração de um relâmpago, o país onde se pode cair de uma montanha e reerguer-se vivo, o país onde se é visível quando se quiser, invisível quando se desejar. Se existir um país feérico, é justamente para que eu seja príncipe encantado e que todos os janotas graciosos tornem-se peludos e vilões como pequenos ursos.

Mas há também uma utopia que é feita para apagar os corpos. Essa utopia é o país dos mortos, são as grandes cidades utópicas que nos foram deixadas pela civilização egípcia. Afinal, o que são as múmias? Elas são a utopia do corpo negado e transfigurado. A múmia é o grande corpo utópico que persiste através do tempo. Existiram também as máscaras de ouro que a civilização micênica colocava sobre os rostos dos reis defuntos: utopia de seus corpos gloriosos, possantes, solares, terror dos exércitos. Existiram as pinturas e as esculturas dos túmulos onde jazem os que desde a Idade Média prolongam na imobilidade uma juventude que não mais passará. Existem agora, em nossos dias, os simples cubos de mármore, corpos geometrizados pela pedra, figuras regulares e brancas sobre o grande quadro negro dos cemitérios. E, nessa cidade de utopia dos mortos, eis que meu corpo torna-se sólido como uma coisa, eterno como um deus.

Porém, a mais obstinada talvez, a mais possante dessas utopias pelas quais apagamos a triste topologia do corpo, nos é fornecida, desde os confins da história ocidental, pelo grande mito da alma. A alma funciona no meu corpo de maneira maravilhosa. Nele se aloja, certamente, mas sabe bem dele escapar: escapa para ver as coisas através das janelas dos meus olhos, escapa para sonhar quando durmo, para sobreviver quando morro. Minha alma é bela, é pura, é branca; e, se meu corpo lamacento – de todo modo não muito limpo – vier a sujá-la, haverá sempre uma virtude, haverá uma potência, haverá mil gestos sagrados que a restabelecerão na sua pureza primeira. Minha alma durará muito tempo e mais que muito tempo, quando meu corpo vier a apodrecer. Viva minha alma! É meu corpo luminoso, purificado, virtuoso, ágil, móvel, tépido, viçoso; é meu corpo liso, castrado, arredondado como uma bolha de sabão.

Eis então que em virtude de todas essas utopias meu corpo desapareceu! Desapareceu como a chama de uma vela que se assopra. A alma, os túmulos, os gênios e as fadas o massacraram, fizeram-no desaparecer num átimo, sopraram sobre seu peso e sua feadade, e o restituíram a mim deslumbrante e perpétuo.

Mas, na verdade, meu corpo não se deixa reduzir tão facilmente. Afinal, ele tem suas fontes próprias de fantástico; possui, também ele, lugares sem lugar e lugares mais profundos, ainda mais obstinados que a alma, que o túmulo, que o encantamento dos mágicos. Possui, também ele, suas caves e seus celeiros, tem abrigos obscuros e plagas luminosas. Minha cabeça, por exemplo, ah, minha cabeça: estranha caverna aberta para o mundo exterior por duas janelas, duas aberturas, sei disso, pois as vejo no espelho; ademais, posso fechar uma ou outra separadamente. E, no entanto, essas aberturas não são senão uma só, pois não vejo diante de mim senão uma só paisagem, contínua, sem divisão nem corte. E dentro desta cabeça, como se passam as coisas? Elas entram lá – e estou muito seguro de que as coisas entram na minha cabeça quando eu olho, pois o sol, se for demasiado forte e me ofuscar, dilacera até o fundo do meu cérebro – e, no entanto, essas coisas que entram dentro da minha cabeça permanecem no exterior, pois vejo-as diante de mim e eu, por minha vez, devo me adiantar para alcançá-las.

Corpo incompreensível, corpo penetrável e opaco, corpo aberto e fechado: corpo utópico. Corpo absolutamente visível, em um sentido: sei muito bem o que é ser olhado por alguém da cabeça aos pés, sei o que é ser espiado por trás, vigiado por cima do ombro, surpreso quando percebo isso, sei o que é estar nu; no entanto, este mesmo corpo que é tão visível, é afastado, captado por uma espécie de invisibilidade da qual jamais posso desvencilhá-lo. Este meu crânio, atrás do meu crânio, que posso tocar com meus dedos, mas nunca ver; este dorso, que sinto apoiado na pressão do colchão sobre o divã quando me deito, mas que somente surpreenderei pelo ardil de um espelho; e o que é este ombro, cujos movimentos e posições conheço com precisão, mas que jamais poderei ver sem me contorcer terrivelmente? O corpo, fantasma que só aparece na miragem dos espelhos e, ainda assim, de maneira fragmentária. Preciso, verdadeiramente, dos gênios e das fadas, da morte e da alma, para ser ao mesmo tempo indissociavelmente visível e invisível? Ademais, este corpo é leve, é transparente, é imponderável; nada é menos coisa que ele: ele corre, age, vive, deseja, deixa-se atravessar sem resistência por todas as minhas intenções. É verdade! Mas somente até o dia em que adoeço, em que se rompe a caverna de meu ventre, em que meu peito e minha garganta se bloqueiam, se entopem, se fecham. Até o dia em que a dor de dentes estrala no fundo da minha boca. Então, aí então, deixo de ser leve, imponderável etc.; torno-me coisa, arquitetura fantástica e arruinada.

Não, verdadeiramente não há necessidade da mágica nem do feérico, não há necessidade de uma alma nem de uma morte para que eu seja ao mesmo tempo opaco e transparente, visível e invisível, vida e coisa: para que eu seja utopia, basta que eu seja um *corpo*. Todas aquelas utopias pelas quais eu esquivava meu corpo encontravam muito simplesmente seu modelo e seu ponto primeiro de aplicação, encontravam seu lugar de origem no meu próprio corpo. Enganara-me, há pouco, ao dizer que as utopias eram voltadas contra o corpo e destinadas a apagá-lo: elas nascem do próprio corpo e, em seguida, talvez, retornem contra ele.

Em todo caso, uma coisa é certa, o corpo humano é o ator principal de todas as utopias. Afinal, uma das mais velhas utopias que os homens contaram para si mesmos não é o sonho de corpos imensos, desmesurados, que devorariam o espaço e dominariam o mundo? É a velha utopia dos gigantes, que encontramos no coração de tantas lendas, na Europa, na África, na Oceania, na Ásia, essa velha lenda que há tão longo tempo nutre a imaginação ocidental, de Prometeu a Gulliver.

O corpo é também um grande ator utópico, quando se trata de máscaras, da maquiagem e da tatuagem. Mascarar-se, maquiar-se, tatuar-se não é, exatamente, como se poderia imaginar, adquirir outro corpo, simplesmente um pouco mais belo, melhor decorado, mais facilmente reconhecível: tatuar-se, maquiar-se, mascarar-se é sem dúvida algo muito diferente, é fazer com que o corpo entre em comunicação com poderes secretos e forças invisíveis. Máscara, signo tatuado, pintura depositam no corpo toda uma linguagem: toda uma linguagem enigmática, toda uma linguagem cifrada, secreta, sagrada, que evoca para este mesmo corpo a violência do deus, a potência surda do sagrado ou a vivacidade do desejo. A máscara, a tatuagem, a pintura instalam o corpo em outro espaço, fazem-no entrar em um lugar que não tem lugar diretamente no mundo, fazem deste corpo um fragmento de espaço imaginário que se comunicará com o universo das divindades ou com o universo do outro. Por ele, seremos tomados pelos deuses ou seremos tomados pela pessoa que acabamos de seduzir. De todo modo, a máscara, a tatuagem, a pintura são operações pelas quais o corpo é arrancado de seu espaço próprio e projetado em um espaço outro.

Ouçamos, por exemplo, este conto japonês e a maneira com que um tatuador faz passar para um universo que não é o nosso o corpo da jovem que ele deseja: "O sol dardejava seus raios sobre o rio e incendiava o quarto de sete esteiras. Seus raios refletidos na superfície da água formavam um desenho de ondas douradas sobre o papel dos biombos e sobre o rosto da jovem profundamente adormecida. Seikichi, após puxar a divisória, tomou nas mãos seus instrumentos de tatuagem. Durante alguns instantes, permaneceu mergulhado em uma espécie de êxtase. Era então que ele saboreava plenamente a estranha beleza da jovem. Parecia-lhe poder ficar sentando diante desse rosto imóvel durante dezenas e centenas de anos sem jamais sentir cansaço nem fastio. Como outrora o povo de Mênfis embelezava a magnífica terra do Egito com pirâmides e esfinges, assim Seikichi, com todo amor, queria embelezar com seu desenho a pele viçosa da jovem. Aplicou-lhe então a ponta de seus pincéis coloridos que segurava entre o polegar, o anular e o pequeno dedo da mão esquerda e, à medida em que as linhas eram desenhadas, picava-as com a agulha que segurava na mão direita."

E se considerarmos que a vestimenta sagrada ou profana, religiosa ou civil faz com que o indivíduo entre no espaço fechado do religioso ou na rede invisível da sociedade, veremos então que tudo o que concerne ao corpo – desenho, cor, coroa, tiara, vestimenta, uniforme – tudo isso faz desabrochar, de forma sensível e matizada, as utopias seladas no corpo.

Mas talvez fosse preciso descer mais, por baixo da vestimenta, talvez fosse preciso atingir a própria carne, e veríamos então que, em certos casos, no limite, é o próprio corpo que retorna seu poder utópico contra si e faz entrar todo o espaço do religioso e do sagrado, todo o espaço do outro mundo, todo o espaço do contramundo, no interior mesmo do espaço que lhe é reservado. Então, o corpo, na sua materialidade, na sua carne, seria como o produto de seus próprios fantasmas. Afinal, o corpo do dançarino não é justamente um corpo dilatado segundo um espaço que lhe é ao mesmo tempo interior e exterior? E os drogados também, e os possuídos; os possuídos, cujo corpo torna-se inferno; os estigmatizados, cujo corpo torna-se sofrimento, resgate e salvação, ensanguentado paraíso.

Verdadeiramente, enganara-me, há pouco, ao crer que o corpo jamais estivesse em outro lugar, que era um aqui irremediável e que se opunha a toda utopia.

Meu corpo está, de fato, *sempre* em outro lugar, ligado a todos os outros lugares do mundo e, na verdade, está em outro lugar que não o mundo. Pois é em torno dele que as coisas estão dispostas, é em relação a ele – e em relação a ele como em relação a um soberano – que há um acima, um abaixo, uma direita, uma esquerda, um diante, um atrás, um próximo, um longínquo. O corpo é o ponto zero do mundo, lá onde os caminhos e os espaços se cruzam, o corpo está em parte alguma: ele está no coração do mundo, este pequeno fulcro utópico, a partir do qual eu sonho, falo, avanço, imagino, percebo as coisas em seu lugar e também as nego pelo poder indefinido das utopias que imagino. Meu corpo é como a Cidade do Sol, não tem lugar, mas é dele que saem e se irradiam todos os lugares possíveis, reais ou utópicos.

As crianças, afinal, levam muito tempo para saber que têm um corpo. Durante meses, durante mais de um ano, elas têm apenas um corpo disperso, membros, cavidades, orifícios, e tudo isso só se organiza, tudo isso literalmente toma corpo somente na imagem do espelho. De modo mais estranho ainda, os gregos de Homero não tinham uma palavra para designar a unidade do corpo. Por paradoxal que seja, diante de Troia, abaixo dos muros defendidos por Heitor e seus companheiros, não havia corpos, mas braços erguidos, peitos intrépidos, pernas ágeis, capacetes cintilantes em cima de cabeças: não havia corpo. A palavra grega para dizer corpo só aparece em Homero para designar cadáver. É o cadáver, portanto, o cadáver e o espelho que nos ensinam (enfim, que ensinaram aos gregos e agora ensinam às crianças) que temos um corpo, que este corpo tem uma forma, que esta forma tem um contorno, que no contorno há uma espessura, um peso; em suma, que o corpo ocupa um lugar. Espelho e cadáver é que asseguram um espaço para a experiência profundamente e originariamente utópica do corpo; espelho e cadáver é que silenciam e serenizam, encerrando em uma clausura – que, para nós, hoje, é selada – esta grande cólera utópica que corrói e volatiliza nosso corpo a todo instante. Graças a eles, graças ao espelho e ao cadáver, é que nosso corpo não é pura e simples utopia. Ora, se considerarmos que a imagem do espelho está alojada para nós em um espaço inacessível, e que jamais poderemos estar lá onde estará nosso cadáver, se considerarmos que o espelho e o cadáver estão, eles próprios, em um inatingível outro lugar, descobrimos então que unicamente as utopias podem fazer refluir nelas mesmas e esconder por um instante a utopia profunda e soberana de nosso corpo.

Seria talvez necessário dizer também que fazer amor é sentir o corpo refluir sobre si, é existir, enfim, fora de toda utopia, com toda densidade, entre as mãos do outro. Sob os dedos do outro que nos percorrem, todas as partes invisíveis de nosso corpo põem-se a existir, contra os lábios do outro os nossos se tornam sensíveis, diante de *seus* olhos semicerrados, nosso rosto adquire uma certeza, existe um olhar, enfim, para ver nossas pálpebras fechadas. O amor, também ele, como o espelho e como a morte, sereniza a utopia de nosso corpo, silencia-a, acalma-a, fecha-a como se numa caixa, tranca-a e a sela. É por isso que ele é parente tão próximo da ilusão do espelho e da ameaça da morte; e se, apesar dessas duas figuras perigosas que o cercam, amamos tanto fazer amor, é porque no amor o corpo está *aqui*.

AS HETEROTOPIAS

Há países sem lugar e histórias sem cronologia; cidades, planetas, continentes, universos, cujos vestígios seria impossível rastrear em qualquer mapa ou qualquer céu, muito simplesmente porque não pertencem a espaço algum. Sem dúvida, essas cidades, esses continentes, esses planetas nasceram, como se costuma dizer, na cabeça dos homens, ou, na verdade, no interstício de suas palavras, na espessura de suas narrativas, ou ainda, no lugar sem lugar de seus sonhos, no vazio de seus corações; numa palavra, é o doce gosto das utopias. No entanto, acredito que há – e em toda sociedade – utopias que têm um lugar preciso e real, um lugar que podemos situar no mapa; utopias que têm um tempo determinado, um tempo que podemos fixar e medir conforme o calendário de todos os dias. É bem provável que cada grupo humano, qualquer que seja, demarque, no espaço que ocupa, onde realmente vive, onde trabalha, lugares utópicos, e, no tempo em que se agita, momentos ucrônicos.

Vejamos o que quero dizer. Não se vive em um espaço neutro e branco; não se vive, não se morre, não se ama no retângulo de uma folha de papel. Vive-se, morre-se, ama-se em um espaço quadriculado, recortado, matizado, com zonas claras e sombras, diferenças de níveis, degraus de escada, vãos, relevos, regiões duras e outras quebradiças, penetráveis, porosas. Há regiões de passagem, ruas, trens, metrôs; há regiões abertas de parada transitória, cafés, cinemas, praias, hotéis, e há regiões fechadas de repouso e moradia. Ora, entre todos esses lugares que se distinguem uns dos outros, há os que são *absolutamente* diferentes: lugares que se opõem a todos os outros, destinados, de certo modo, a apagá-los, neutralizá-los ou purificá-los. São como que *contra*espaços. As crianças conhecem perfeitamente esses contraespaços, essas utopias localizadas. É o fundo do jardim, com certeza, é com certeza o celeiro, ou melhor ainda, a tenda de índios erguida no meio do celeiro, ou é então – na quinta-feira à tarde – a grande cama dos pais. É nessa grande cama que se descobre o oceano, pois nela se pode nadar entre as cobertas; depois, essa grande cama é também o céu, pois se pode saltar sobre as molas; é a floresta, pois pode-se nela esconder-se; é a noite, pois ali se pode virar fantasma entre os lençóis; é, enfim, o prazer, pois no retorno dos pais se será punido.

Na verdade, esses contraespaços não são apenas invenção das crianças; acredito nisso muito simplesmente porque as crianças jamais inventam coisa alguma; são os homens, ao contrário, que inventaram as crianças, que lhes cochicharam seus maravilhosos segredos; e, em seguida, esses homens, esses adultos se espantam quando as crianças, por sua vez, buzinam aos seus ouvidos. A sociedade adulta organizou, e muito antes das crianças, seus próprios contraespaços, suas utopias situadas, esses lugares reais fora de todos os lugares. Há, por exemplo, os jardins, os cemitérios, os asilos, as casas de tolerância, há as prisões, as colônias de férias do Clube Mediterrâneo, e tantos outros.

Pois bem, sonho com uma ciência – digo mesmo uma *ciência* – que teria por objeto esses espaços diferentes, esses outros lugares, essas contestações míticas e reais do espaço em que vivemos. Essa ciência estudaria não as utopias, pois é preciso reservar esse nome para o que verdadeiramente não tem lugar algum, mas as *hetero*-topias, espaços absolutamente outros; e, forçosamente, a ciência em questão se chamaria, se chamará, já se chama "heterotopologia".

É preciso fornecer os primeiríssimos rudimentos dessa ciência que está em vias de nascer. Primeiro princípio: não há, provavelmente, nenhuma sociedade que não constitua sua heterotopia ou suas heterotopias. Esta é, sem dúvida, uma constante de todo grupo humano. Na verdade, porém, essas heterotopias podem assumir, e assumem sempre, formas extraordinariamente variadas, e talvez não haja, em toda a superfície do globo ou em toda a história do mundo, uma única forma de heterotopia que tenha permanecido constante. Poder-se-ia talvez classificar as sociedades, por exemplo, segundo as heterotopias que elas preferem, segundo as heterotopias que elas constituem. As sociedades chamadas primitivas, por exemplo, têm lugares privilegiados ou sagrados ou proibidos – como nós mesmos, aliás; mas estes lugares privilegiados ou sagrados são, em geral, reservados aos indivíduos "em crise biológica". Há casas especiais para os adolescentes no momento da puberdade; há casas especiais reservadas às mulheres na época das regras; outras para as mulheres em trabalho de parto. Em nossa sociedade, as heterotopias para os indivíduos em crise biológica pouco a pouco desapareceram. Observemos que ainda no século XIX havia colégios para os rapazes, havia também o serviço militar que, sem dúvida, desempenhavam esse papel: era preciso que as primeiras manifestações da sexualidade viril ocorressem *em outro lugar*. E, para as jovens, pergunto-me se, afinal, a viagem de núpcias não constituía, ao mesmo tempo, uma espécie de heterotopia e de heterocronia: era preciso que a defloração da jovem não ocorresse na mesma casa onde ela nascera, era preciso que esta defloração ocorresse, de certo modo, *em parte alguma*.

Mas essas heterotopias biológicas, essas heterotopias de crise, desaparecem cada vez mais e são substituídas por heterotopias de desvio: isto significa que os lugares que a sociedade dispõe em suas margens, nas paragens vazias que a rodeiam, são antes reservados aos indivíduos cujo comportamento é desviante relativamente à média ou à norma exigida. Daí as casas de repouso, as clínicas psiquiátricas, daí também, com certeza, as prisões. Seria preciso acrescentar-lhes, sem dúvida, as casas de recolhimento, pois, afinal, a ociosidade em uma sociedade tão atarefada quanto a nossa é como um desvio – desvio aliás, que acaba por ser um desvio biológico quando ligado à velhice e, creia-se, desvio constante para todos aqueles, pelo menos, que não têm a discrição de morrer de infarto nas três semanas após a aposentadoria.

Segundo princípio da ciência heterotopológica: no curso de sua história, toda sociedade pode perfeitamente diluir e fazer desaparecer uma heterotopia que constituíra outrora, ou então, organizar uma que não existisse ainda. Por exemplo, há cerca de vinte anos, a maioria dos países da Europa tentou fazer desaparecer as casas de prostituição, com sucesso reduzido, como se sabe, pois o telefone substituiu a velha casa de nossos avós por uma teia fina e bem mais sutil. Em contrapartida, o cemitério, que é para nós, em nossa experiência atual, o mais evidente exemplo da heterotopia (o cemitério é absolutamente o *outro*-lugar), nem sempre desempenhou este papel na civilização ocidental. Até o século XVIII, ele ficava no centro da cidade, disposto lá no meio, bem ao lado da igreja; na verdade, não lhe era atribuído nenhum valor solene. À exceção de alguns indivíduos, o destino comum dos cadáveres era muito simplesmente serem jogados na vala, sem respeito ao despojo individual. Ora, é curioso que, no mesmo momento em que nossa civilização tornou-se ateia, ou ao menos, *mais ateia*, isto é, no final do século XVIII, começou-se a individualizar os esqueletos. Cada qual passou a ter direito ao seu caixão e à sua pequena decomposição pessoais. Por outro lado, todos esses esqueletos, todas esses caixões, todos esses sepulcros, todas essas tumbas, todos esses cemitérios foram postos à parte, fora da cidade, no seu limite, como se se tratasse ao mesmo tempo de um centro e um lugar de infecção e, em certo sentido, de contágio da morte. Mas – não se pode esquecer – tudo isso só ocorreu no século XIX, mais precisamente, no decurso do Segundo Império. Com efeito, é sob o reinado de Napoleão III que os grandes cemitérios parisienses foram organizados no limite das cidades. Seria preciso citar também – e, neste caso, teríamos, de certo modo, uma sobredeterminação da heterotopia – os cemitérios para tuberculosos; não penso naquele maravilhoso cemitério de Menton onde foram sepultados os grandes tuberculosos que, no final do século XIX, tinham vindo se repousar e morrer na Côte d'Azur: outra heterotopia.

Em geral, a heterotopia tem como regra justapor em um lugar real vários espaços que, normalmente, seriam ou deveriam ser incompatíveis. O teatro, que é uma heterotopia, perfaz no retângulo da cena toda uma série de lugares estranhos. O cinema é uma grande cena retangular, no fundo da qual, sobre um espaço de duas dimensões, projeta-se um novo espaço de três dimensões. Porém, o mais antigo exemplo de heterotopia seria talvez o jardim, criação milenar que tinha certamente no Oriente uma significação mágica. O tradicional jardim persa é um retângulo dividido em quatro partes que representam os quatro elementos de que o mundo é composto, no meio do qual, no ponto de junção dos quatro retângulos, encontrava-se um espaço sagrado: uma fonte, um templo. E, em torno do centro, toda a vegetação do mundo, toda a vegetação exemplar e perfeita do mundo devia estar reunida. Ora, se considerarmos que os tapetes orientais eram, na origem, reproduções de jardins – no sentido estrito de "jardins de inverno" – compreenderemos o valor lendário dos tapetes voadores, tapetes que percorriam o mundo. O jardim é um tapete onde o mundo inteiro vem consumar sua perfeição simbólica e o tapete é um jardim móvel através do espaço. Era parque ou tapete aquele jardim descrito pelo narrador das *Mil e uma noites*? Vê-se que todas as belezas do mundo acabam por se juntar nesse espelho. O jardim, desde os recônditos da Antiguidade, é um lugar de utopia. Temos a impressão talvez de que os romanos se situam facilmente em jardins: é fato que os romanos nasceram, sem dúvida, da própria instituição dos jardins. A atividade romanesca é uma atividade jardineira.

Ocorre que as heterotopias são frequentemente ligadas a recortes singulares do tempo. São parentes, se quisermos, das heterocronias. Sem dúvida, o cemitério é o lugar de um tempo que não escoa mais. De modo geral, em uma sociedade como a nossa, pode-se dizer que há heterotopias que são heterotopias do tempo quando ele se acumula ao infinito: os museus e as bibliotecas, por exemplo. Nos séculos XVII e XVIII, os museus e as bibliotecas eram instituições singulares; eram a expressão do gosto de cada um. Em contrapartida, a ideia de tudo acumular, a ideia de, em certo sentido, parar o tempo, ou antes, deixá-lo depositar-se ao infinito em certo espaço privilegiado, a ideia de constituir o arquivo geral de uma cultura, a vontade de encerrar todos os tempos em um lugar, todas as épocas, todas as formas e todos os gostos, a ideia de constituir um espaço de todos os tempos, como se este próprio espaço pudesse estar definitivamente fora do tempo, essa é uma ideia totalmente moderna: o museu e a biblioteca são heterotopias próprias à nossa cultura.

Em contrapartida, há heterotopias que são ligadas ao tempo, não ao modo da eternidade, mas ao modo da festa: heterotopias não eternitárias, mas crônicas. O teatro, seguramente, mas também as feiras, estes maravilhosos sítios vazios à margem das cidades, por vezes mesmo no centro delas, e que se povoam uma ou duas vezes por ano com barracas, exposições, objetos heteróclitos, lutadores, mulheres-serpentes e profetisas da boa fortuna. Mais recentemente, na história da nossa civilização, há colônias de férias; penso, principalmente, nas maravilhosas colônias polinésias que oferecem, às margens do Mediterrâneo, três curtas semanas de nudez primitiva e eterna aos habitantes de nossas cidades. As cabanas de Djerba, por exemplo, são parentes, em certo sentido, das bibliotecas e dos museus, pois são utopias de eternidade – os homens são convidados a reatar com a mais antiga tradição da humanidade – e, ao mesmo tempo, são a negação de qualquer biblioteca e de qualquer museu, pois não se trata mais, através delas, de acumular o tempo mas, ao contrário, de apagá-lo e volver à nudez e à inocência do primeiro pecado. Há também, ou antes, *havia*, entre as heterotopias da festa, as heterotopias crônicas, a festa de todas as noites nas casas de tolerância de outrora, festa que começava às seis horas da tarde, como em *La Fille Élisa*.[1]

Outras heterotopias, enfim, são ligadas não à festa, mas à passagem, à transformação, ao labor de uma regeneração. No século XIX havia os colégios e as casernas que deviam fazer de crianças, adultos, de camponeses, citadinos, e de ingênuos, espertos. Em nossos dias, há, sobretudo, as prisões.

Por fim, gostaria de propor, como quinto princípio da heterotopologia, o seguinte fato: as heterotopias possuem sempre um sistema de abertura e de fechamento que as isola em relação ao espaço circundante. Em geral, não se entra em uma heterotopia como em um moinho, entra-se porque se é obrigado (as prisões, evidentemente), ou entra-se quando se foi submetido a ritos, a uma purificação. Há até mesmo heterotopias inteiramente consagradas a esta purificação. Purificação meio-religiosa e meio--higiênica, como nos hamams[2] dos mulçumanos, ou como nas

---

1 Título do romance de Edmond de Goncourt, século XIX. [N.T.]
2 *Hamam*, espécie de banho a vapor mais conhecido como "banho turco".

saunas dos escandinavos, purificação somente higiênica, mas que carrega consigo todo tipo de valores religiosos ou naturalistas.

Há outras heterotopias que, ao contrário, não são fechadas ao mundo exterior, mas constituem pura e simples abertura. Todo mundo pode entrar, mas, na verdade, uma vez que se entrou, percebe-se tratar-se de uma ilusão e que se entrou em parte alguma. A heterotopia é um livro aberto, que tem, contudo, a propriedade de nos manter de fora. Por exemplo, nas casas do século XVIII na América do Sul, havia sempre, disposto ao lado da porta de entrada, mas *antes* da porta de entrada, um pequeno aposento diretamente aberto ao mundo exterior e que era destinado aos visitantes de passagem; ou seja, qualquer um, a qualquer hora do dia ou da noite, podia entrar nesse aposento, podia lá descansar, podia fazer o que quisesse, podia partir no dia seguinte pela manhã sem ser visto nem reconhecido por ninguém; porém, na medida em que esse aposento não se abria, de modo algum, para a própria casa, o indivíduo ali recebido jamais podia penetrar no interior da própria moradia familiar. Esse aposento era uma espécie de heterotopia inteiramente exterior. Poderia ser comparado à heterotopia dos motéis americanos, onde se entra com o carro e a amante, e onde a sexualidade ilegal está ao mesmo tempo abrigada e escondida, mantida afastada sem, no entanto, deixar de estar ao ar livre.

Enfim, há heterotopias que *parecem* abertas, nas quais, entretanto, só entram verdadeiramente os já iniciados. Acredita-se que se teve acesso ao que há de mais simples, de mais exposto, quando, de fato, se está no coração do mistério; é desta maneira, pelo menos, que Aragon[3] entrava outrora nas casas de tolerância: "Hoje ainda, não é sem certa emoção colegial que atravesso estes limiares de excitabilidade particular. Neles persigo o grande desejo abstrato que às vezes se depreende de certas figuras que jamais amei. Um fervor se emana. Nem por um instante penso no lado social desses lugares. A expressão *casa de tolerância* não pode ser pronunciada seriamente."

É aí, sem dúvida, que encontramos o que de mais essencial existe nas heterotopias. Elas são a contestação de todos os outros espaços, uma contestação que pode ser exercida de duas maneiras: ou como nas casas de tolerância de que Aragon falava, criando uma ilusão que denuncia todo o resto da realidade como ilusão, ou, ao contrário, criando outro espaço real tão perfeito, tão meticuloso, tão bem disposto quanto o nosso é desordenado, mal posto e desarranjado; é como este último que funcionaram, ao menos no projeto dos homens, durante algum tempo – principalmente no século XVIII – as colônias. Seguramente, as colônias tinham uma grande utilidade econômica, mas existiam valores imaginários que lhes eram agregados e, sem dúvida, estes valores eram devidos ao prestígio próprio das heterotopias. Foi assim que, nos séculos XVII e XVIII, as sociedades puritanas inglesas tentaram fundar na América sociedades absolutamente perfeitas; foi assim que no final do século XIX e ainda no começo do século XX, nas colônias francesas, Lyautey[4] e seus sucessores sonharam

---

3 Louis Aragon (1897-1982), escritor francês, um dos iniciadores do surrealismo (N. da T.).
4 Louis Hubert Gonzalve Lyautey (1854-1934), militar francês com que atuou nas guerras coloniais

com sociedades hierarquizadas e militares. Sem dúvida, a mais extraordinária dessas tentativas foi a dos jesuítas no Paraguai. Com efeito, no Paraguai, os jesuítas fundaram uma colônia maravilhosa onde a vida por inteiro era regulamentada, onde reinava o regime mais perfeito do comunismo, pois as terras e os rebanhos pertenciam a todos. Apenas um pequeno jardim era atribuído a cada família, as casas eram dispostas em fileiras ao longo de duas ruas que se cruzavam em ângulo reto. Ao fundo da praça central do vilarejo havia uma igreja; em um lado, o colégio; no outro, a prisão. Do entardecer ao amanhecer, do amanhecer ao entardecer, os jesuítas regulamentavam meticulosamente toda a vida dos colonos. O toque do *angelus* soava às cinco horas da manhã, para o despertar; depois, marcava-se o início do trabalho; ao meio-dia, o sino chamava as pessoas, homens e mulheres que trabalhavam nos campos; às seis horas, reunião para o jantar; e, à meia-noite, o sino soava de novo e era então o que se denominava sino do "despertar conjugal", pois os jesuítas, empenhados que estavam em que os colonos se reproduzissem, todas as noites badalavam alegremente o sino para que a população pudesse proliferar, o que, aliás, ela fez, pois de 130.000 que eram no começo da colonização jesuíta, os índios tornaram-se 400.000 no meio do século XVIII. Temos aí o exemplo de uma sociedade inteiramente fechada em si mesma, sem laço algum que a ligasse ao resto do mundo, salvo o comércio e os consideráveis benefícios feitos pela Companhia de Jesus.

Com a colônia, temos uma heterotopia que, de certo modo, é ingênua demais para querer realizar uma ilusão. Com a casa de tolerância, temos, em contrapartida, uma heterotopia que é sutil ou hábil demais para querer dissipar a realidade com a força única das ilusões. E se considerarmos que o barco, o grande barco do século XIX, é um pedaço de espaço flutuante, lugar sem lugar, com vida própria, fechado em si, livre em certo sentido, mas fatalmente ligado ao infinito do mar e que, de porto em porto, de zona em zona, de costa a costa, vai até as colônias procurar o que de mais precioso elas escondem naqueles jardins orientais que evocávamos há pouco, compreenderemos porque o barco foi, para nossa civilização – pelo menos desde o século XVI – ao mesmo tempo, o maior instrumento econômico e nossa maior reserva de imaginação. O navio é a heterotopia por excelência. Civilizações sem barcos são como crianças cujos pais não tivessem uma grande cama na qual pudessem brincar; seus sonhos então se desvanecem, a espionagem substitui a aventura, e a truculência dos policiais, a beleza ensolarada dos corsários.

"HETEROTOPIA": TRIBULAÇÕES DE UM CONCEITO ENTRE VENEZA, BERLIM E LOS ANGELES[1], POR DANIEL DEFERT

No dia 14 de março de 1967, o Círculo de estudos arquiteturais de Paris convidara Foucault a pronunciar uma conferência sobre o espaço para a qual ele propôs uma analítica nova, que batizou de "heterotopologia". O texto dessa conferência teve circulação restrita, reservada aos membros daquele círculo, em forma datilografada, com exceção de extratos publicados em francês, em 1968, na revista italiana *L'Archittetura*,[2] até sua publicação em Berlim, no outono de 1984, no quadro da exposição Idée, Processus, Résultats, no Martin-Gropius-Bau.[3]

Essa exposição foi a principal dentre as dezessete manifestações com as quais a Internationale Bauausstellung (IBA[4]) apresentou ao mundo o balanço de suas atividades de reconstrução e renovação de Berlim. Imaginava-se a reunificação da cidade-capital que parecia estranhamente ilustrar os "espaços outros" do texto de Foucault de 1967. Autorizando sua publicação, pouco antes da sua morte, ocorrida em 25 de junho de 1984, o filósofo a introduzira *in extremis* no corpus de seus escritos autorizados.

---

1 Outra versão deste texto foi publicada em 1997 no catálogo de Documenta X, em Kassel.
2 M. Foucault, "Des espaces autres", *L'Archittetura, cronache e storia*, vol. XIII, n. 150, 1968, pp. 822-823.
3 M. Foucault, "Des espaces autres", *AMCS, Revue d'architecture*, outubro/1984, pp. 46-49. É esta versão de 1984, significativamente diferente da que reproduzimos no presente volume, que está incluída em *Dits et Écrits*, Paris: Gallimard, t. IV, texto n. 360.
4 IBA, Exposição internacional de construção, sigla retomada mais adiante. [N.T.]

Desde então, o texto foi abundantemente traduzido e comentado. "Como pode permanecer inexplorado durante vinte anos? Como não se compreendeu" – pergunta-se Edward Soja, entusiasta promotor californiano da *heterotopology* – "a importância nova do espaço e da espacialidade"?[5] Todavia, poderíamos interpretar a distância entre estas duas datas, 1967-1984, e a história desse silêncio como a história de uma não recepção?[6] As noções de recepção e de não recepção ofereceriam um crivo de análise suficientemente fino para demarcar uma série de transformações tanto dos discursos estéticos, epistemológicos e políticos dos arquitetos e urbanistas nestes mesmos vinte anos, quanto da problemática do espaço nos escritos de Foucault?

Linguagem e espaço

"Você se lembra daquele telegrama que nos fez rir tanto, em que um arquiteto via uma nova concepção do urbanismo? Mas isto não estava em um livro, estava, afinal, em uma conferência radiofônica sobre a utopia. Pedem-me que a refaça no dia 13 ou 14 de março."

Esta carta, escrita em Sidi Bou Saïd, no dia 2 de março de 1967, é o testemunho mais antigo do encontro de Foucault com os arquitetos. Em 7 de dezembro de 1966, no quadro de uma série radiofônica chamada de "Cultura francesa", consagrada à

---

[5] Ed. Soja, "Rembrance of other spaces in the citadel LA", *Stratégies, a Journal of Theory, Culture and Politics*, 3, 1990, pp. 1, 39. Artigo desenvolvido em Ed. Soja, *Thirdspace. Journey to Los Angeles and Other Real Imagined Places*, Malden: Blackwell, 1996.

[6] P. Bourdieu, "Qu'est-ce que faire parler um auteur? À propos de Michel Foucault", in *Sociétés et représentations*, n. especial, "Surveiller et punir, vingt ans après", n. 3, novembro/1996, pp. 3-18.

utopia, ele fora convidado a falar sobre "Utopia e Literatura".⁷ Partindo de uma evocação bachelardiana daqueles espaços que encantam os jogos infantis, como os celeiros, o fundo do jardim, a tenda de índios ou a cama dos pais, "verdadeiras utopias localizadas", sonhou com uma ciência que teria por objeto "estes espaços diferentes que são a contestação dos espaços onde vivemos", "não uma ciência das utopias, mas das heterotopias, ciência dos espaços absolutamente outros. Esta ciência ou heterotopologia que está em vias de nascer, que já existe" e cujos princípios ele enunciara naquele dia.

As emissões radiofônicas de Foucault – nas quais ele se revelava um maravilhoso contista – respondiam à enorme curiosidade suscitada desde a primavera de 1966 pela publicação de As Palavras e as coisas.⁸ O livro se abria com a descrição de uma improvável enciclopédia chinesa inventada por Borges segundo a qual os animais se distribuíam em quatorze classes do seguinte tipo: a) pertencentes ao imperador; b) embalsamados; c) domesticados...; k) desenhados com um pincel muito fino de pelo de camelo; l) *et cetera*; m) que acabam de quebrar a bilha... Esta "desordem que faz cintilar os fragmentos de um grande número de ordens possíveis" fora batizada por Foucault de "heterotopia". O termo se opunha a utopia, etimologicamente "não lugar", e não *eu-topia*, como se tende a crer. Mas se as utopias narram um lugar

---

7 M. Foucault, *Utopie et hétérotopies*, arquivos sonoros de 7 e 21 de dezembro de 1966, Centre Michel Foucault, Bibliothèque de l'IMEC-Caen, reeditada em disco pelo INA, em 2004.
8 M. Foucault, *Les Mots et les Choses* [Ed. bras.: As Palavras e as coisas, Salma T. Muchail. São Paulo: Martins Fontes, 1981].

que não existe, desabrocham, contudo, em um espaço imaginário e, por isso, "situam-se na linha reta do discurso", pois, desde o fundo dos tempos, a linguagem se entrecruza com o espaço. A lista de Borges, ao contrário, estanca as palavras nelas próprias, pois "a heterotopia arruína não somente a sintaxe das frases como também aquela, menos manifesta, que autoriza manter juntas as palavras e as coisas".[9]

A impossibilidade em que se encontra nosso pensamento para pensar esse heteróclito radical da classificação de Borges testemunha um limite do pensamento; o mesmo limite que ainda experimentamos diante das classificações próprias às culturas que nos são radicalmente estranhas. Quando Victor Turner descreve como os Ndembu da Zâmbia reúnem em uma mesma classe os caçadores, as viúvas, os doentes e os guerreiros, isto não implica um espaço de pertencimento concebido como território comum, nem um espaço de pertencimento concebido como ramificações definidas por propriedades formais, como aquele no qual nós distribuímos os reinos da natureza, nem a linearidade arbitrária de uma ordem alfabética com a qual nossos dicionários ordenam o heteróclito no espaço. Ele descreve um sistema de analogias, de similitudes entre propriedades simbólicas cujas interconexões precisamos traçar em uma página em branco a fim de compreender esse sistema ou o "espaço de similitudes". Não se pode pensar sem o suporte de um "espaço de ordem", sem esta "zona mediana" que Foucault qualifica

---

9 M. Foucault, *Les Mots et les Choses*, op. cit. prefácio, p. 9. [Ed. bras.: *As Palavras e as coisas*, op. cit. pp. 5-8].

de arqueológica, por sob nossas percepções, nossos discursos, nossos saberes, onde se articulam o visível e o enunciável: a linguagem, o olhar e o espaço.

Na emissão radiofônica de 7 de dezembro de 1966, Foucault fez um uso totalmente diferente de sua noção de heterotopia. Primeiro, ela é pertinente não mais a uma análise dos discursos, mas dos espaços. Lugares tão heteróclitos como o espelho, o cemitério, a casa de tolerância ou a colônia polinésia de férias em Djerba, entram em uma categoria específica de espaços-tempos, quer este tempo seja provisório como o tempo único da defloração no espaço da viagem de núpcias, quer este tempo seja, ao contrário, cumulativo de temporalidades – atemporal – no lugar da biblioteca ou do museu.

Essas unidades espaço-temporais, esses espaços-tempos têm em comum serem lugares onde estou e não estou, como o espelho ou o cemitério; ou onde sou outro como na casa de tolerância, na colônia de férias ou na festa, carnavalizações da existência ordinária. Eles ritualizam cortes, limiares, desvios e os localizam.

As normas humanas não são todas universalizáveis: as da disciplinarização do trabalho e as da transfiguração pela festa não podem desenrolar-se na linearidade de um mesmo espaço ou de um mesmo tempo; é preciso uma forte ritualização das rupturas, dos limiares, das crises. Estes contraespaços, porém, são interpenetrados por todos os outros espaços que eles contestam: o espelho onde não estou reflete o contexto onde estou, o cemitério é planejado como a cidade, há reverberação dos espaços, uns nos outros, e, contudo, descontinuidades e rupturas. Há, enfim, como que um eterno retorno desses rituais espaço-temporais e, se não universalização das mesmas formas, ao menos uma universalidade de sua existência. Eles são apreendidos em uma sincronia e uma diacronia específicas que fazem deles um sistema significante entre os sistemas da arquitetura. Não refletem a estrutura social nem a da produção, não são um sistema sócio-histórico nem uma ideologia, mas rupturas da vida ordinária, imaginários, representações polifônicas da vida, da morte, do amor, de Éros e Tânatos.

A carta de Foucault de 2 de março de 1967 deixa vazar um desapontamento: a arqueologia do olhar não retivera o olhar do arquiteto. Não, não fora o livro (*As Palavras e as coisas*) que trouxera em germe uma nova concepção do urbanismo, livro do qual o filósofo esperava a provocação de rupturas no pensamento. No entanto, estas rupturas foram suficientemente ruidosas, pelo menos até o ruído de 1968, para que Foucault viesse a deixar tanto o tumulto da glória quanto o das polêmicas pela serenidade da luminosa vila de Sidi Bou Saïd, no alto do golfo de Cartago, e a paz – sempre difícil – da escritura. Heterotopia vivida. O que chegara aos ouvidos do arquiteto era uma linguagem menor, um daqueles jogos literários nos quais Foucault tinha um prazer guloso, júbilo incessantemente decepado pela ascese da escritura, contenção que se lê na didática da conferência reescrita, esta, para os arquitetos certamente, mas os jogos literários ficam aqui finalmente retranscritos com todo respeito à integralidade sonora da qual nasceram.

Utopias e heterotopias

O Círculo de estudos arquiteturais era animado, entre 1960 e 1970, por Jean Dubuisson, seu presidente, arquiteto do Museu de Artes e Tradições Populares do Bosque de Boulogne, e Ionel Schein, que indicava os conferencistas a serem convidados ao Boulevard Raspail, número 38. Era um dos raros círculos de reflexão de arquitetos sem corporativismo, no qual, nos anos cinquenta e sessenta, Ionel Schein gozava da lisonjeira reputação de agitador de ideias e de "radicalismo em arquitetura".[10] Foi ele, segundo Jean Dubuisson, quem convidou Foucault. As conferências eram anotadas em estenografia e depois datilografadas e entregues aos membros do Círculo. Pierre Riboulet – arquiteto, entre outros, do hospital Robert-Debré – conservou sua cópia. Ele se lembra das precauções oratórias do filósofo para introduzir seu propósito, a insistência sobre sua ignorância quanto às preocupações dos arquitetos. As referências são tomadas da história das ciências (Koyré, Bachelard), da crítica literária (J.-P. Richard, Blanchot), da psicanálise existencial (Binswanger), assuntos, todos eles, sobre os quais Foucault já havia desenvolvido suas "obsessões do espaço".[11]

Para marcar seu entusiasmo à saída dessa conferência, Robert Auzelle, um dos pensadores da reconstrução da França a partir dos anos cinquenta, lhe entregou sua história da arquitetura

---

10 Todas estas informações sobre o Círculo de estudos arquiteturais me foram fornecidas por P. Riboulet.
11 Expressão utilizada por Foucault in: "Questions à Michel Foucault sur la géographie", *Hérodote*, n. 1, 1976, pp. 71-85; retomada em *Dits et Écrits*, t. III, n. 169. Paris: Gallimard, 1994, p. 33 [Ed. bras.: "Sobre a geografia" in *Microfísica do poder*, R. Machado e A. L. de Souza. Rio de Janeiro: Graal, 1979, pp. 153-165].

funerária e dos cemitérios,[12] uma das heterotopias de Foucault. Em *O Nascimento da clínica*[13] Foucault descrevera como a anatomopatologia havia integrado a morte no conhecimento da vida; oferecer-lhe a história da integração dos cemitérios na planificação urbana provava a perfeita cumplicidade entre seus ouvintes e o conferencista: a negatividade estava no cerne da racionalidade. Ela estava no cerne das análises de Foucault, pelo menos até *Vigiar e punir*.[14]

Foi no final deste mesmo ano de 1967, que Jean-Luc Godard, em *A Chinesa*, fez sua heroína, a estudante pró-chinesa interpretada por Anne Wiazemsky, jogar tomates em um exemplar de *As Palavras e as coisas*, então um livro símbolo por suas descontinuidades abruptas do pensamento no tempo, da negação da história e, portanto, da negação da revolução.

A conferência de 1967 poderia ter outra circulação além da cópia datilografada entre os membros do Círculo? O próprio Círculo não possuía uma revista e não editava nenhuma de suas conferências. Por outro lado, as concepções que então partilhavam os arquitetos deviam muito ao Le Corbusier e à Bauhaus, à racionalização das formas e à "legibilidade" do espaço urbano, concebido como um texto pontuado com "referências", espaços ou edifícios. Françoise Choay, que Foucault frequentara nos anos

---

12 R. Auzelle, *Dernières* Demeures. Paris: Chez l'auter, 13, Place du Panthéon, 1965.
13 M. Foucault, *Naissance de la Clinique*, Paris, PUF, 1963.(Trad. bras. de R. Machado, *O Nascimento da clínica*, Rio de Janeiro, Forense-Universitária, 1977 – N. da T.).
14 M. Foucault, *Surveiller et Punir*. Paris: Gallimard, 1975. A obra apresenta o panóptico de Bentham como "um acontecimento na história do espírito *humano*" e propõe uma análise do poder em termos de produção e não de repressão. [Ed. bras.: Vigiar e punir, R. Ramalhete. Petrópolis: Vozes, 1987].

setenta, reconstitui essas problemáticas em *Urbanisme, utopies et réalités*.¹⁵ Um urbanismo progressista humanista que se sustentava na carta de Atenas¹⁶ e em uma racionalidade crescente, ou um urbanismo culturalista para o qual cada forma é símbolo e que olha com nostalgia para a harmonia das cidades passadas: estas eram as "ideias reguladoras da razão urbanística". Estas ideias reguladoras já não talhavam, em pontilhado, o espaço da utopia em que viria a desdobrar-se, após 1968, o discurso arquitetural e urbano em uma dissolução do objeto "cidade" no seio das relações sociais capitalistas? A cidade como totalidade formal ou racional não foi deslocada pelo capitalismo? O espaço não é uma imensa página em branco onde se escreve, desde cerca de dois séculos, a metanarração do capital? Não está aí o impensado geral, o não dito de todas essas divisórias construídas entre as classes, os sexos e as gerações?

O fascínio das escolas de arquitetura pela visita a cidades patronais, estas utopias realizadas como o familistério de Guise, construída por Godin, ou a cidade Menier de Noisiel,¹⁷ testemunha que o discurso arquitetural e urbanístico francês dos anos setenta se desdobrava no espaço da utopia. Os promotores dessas cidades não estariam entre os primeiros a inventar o consumo em massa? Um reduzia as dimensões da milenar e dispendiosa

---

15 F. Choay, *Urbanisme, utopies et réalités*. Paris: Seuil, 1965.
16 Carta de Atenas, manifesto do IV Congresso Internacional de Arquitetura Moderna (Ciam), Atenas, 1933. [N.T.]
17 Familistério de Guise, espécie de comunidade ou cidade operária, inspirada em Charles Fourier, construída em 1846, por J.-B.Godin, para habitação de operários de sua indústria. Menier de Noisiel, comunidade de operários da produção de chocolates, fundada por A. B. Menier, em 1925, nas imediações de Paris. [N.T.]

lareira a um aquecedor doméstico, outro, um medicamento dos exércitos napoleônicos a um complemento alimentar industrial, o tablete de chocolate. Não teriam eles articulado da maneira mais restrita a racionalização do consumo com a da ocupação do espaço? A racionalização da cidade patronal como a fragmentação do espaço urbano, o homogêneo como o heterogêneo, conduziam a um mesmo crivo de leitura, infalsificável: a espacialização do capital. O arquiteto tornava-se o técnico passivo da operacionalização das estratégias e das normas do capital.

"Mostra-se útil falar indiferentemente das utopias pré-urbanistas, das cidades operárias, de Haussmann, da Bauhaus, do funcionalismo, dos Shakers dos grandes conjuntos, das cidades novas: por toda parte afirma-se perigosamente uma racionalização do espaço inerente à extensão universal do capital, uma propensão de sua ordem de troca, ou da ordem simplesmente", podia-se ler na revista Traverse.[18]

Genealogia dos equipamentos coletivos
É a partir de 1972 que Foucault desenvolve pesquisas em equipe sobre a história dos equipamentos coletivos. Primeiramente, com o Centro de estudos, pesquisas e formação institucional – ou Cerfi – animado pelo psiquiatra Félix Guattari, que conclui então, com Gilles Deleuze, a redação do seu *Anti-Édipo*.[19]

---

18 B. Eizykman, "Urbanismo", *Traverse*, n. 4, 1976, citado por A. Thalamy *in Politiques de l'habitat*, Corda, 1977, p. 14. [O nome "Shaker" designa um movimento de grupos religiosos, fundado na Inglaterra, no século XVIII, que – à semelhança dos "Amish"– vivem em suas próprias comunidades – N.T.]
19 G. Deleuze, F. Guattari, *L'Anti-Œdipe*. Paris: Minuit, 1972 [Ed. bras.: *O anti-Édipo*, L. B. L. Orlandi. São Paulo: Editora 34, 2010].

Criado em 1965 com pesquisadores em ciências sociais dissidentes do Partido Comunista Francês (PCF), o Cerfi, após 1970, põe em questão sua cultura marxista, submetendo-a a uma dupla prova: 1) a do procedimento genealógico praticado em *História da Loucura* e *O Nascimento da clínica*; 2) a de uma clarificação das relações libidinais, que todo pesquisador mantém com o objeto de sua pesquisa (a ambivalência da reflexão urbanística frente à racionalidade capitalista não escapava a ninguém), e que os pesquisadores mantêm entre si como grupo social hierarquizado e sexuado.

O relato da realização dessa dupla prova, publicada na revista do Cerfi,[20] é provavelmente um dos mais interessantes diários de bordo da travessia ideológica daqueles anos. Ali se assiste, como que em um laboratório, à desagregação da análise marxista e à emergência daquilo que logo será batizado de "atitude pós-moderna". O empreendimento é descrito por seus autores como "uma estranha máquina feita de peças e pedaços emprestados do genealogista Foucault, surrupiadas do depósito do cientista bicéfalo Deleuze-Guattari".

"O genealogista Foucault" é, de fato, uma nova imagem social do filósofo: o procedimento genealógico só estará francamente confirmado a partir de seu ensino no Collège de France, inaugurado em dezembro de 1970. Ademais, a partir de 1971, juntamente com Deleuze, ele anima um movimento militante,

---

20 "Généalogie du capital – 1. Les équipements du pouvoir", *Recherches*, n. 13, dezembro/1973. Um só exemplo de uma retomada das *heterotopias* por H. Lefevre, a propósito de *La Pensée marxiste de la ville*. Paris: Casterman, 1972.

o Grupo de informação sobre as prisões (GIP), enraizado na extrema esquerda.

Foucault discute com o Cerfi, que trabalha sobre a cidade,[21] a abordagem "genealógica" dos equipamentos coletivos e a põe em prática, sobretudo no seu seminário do Collège de France. O seminário é consagrado à emergência do médico como perito no século XIX através da perícia psiquiátrica em medicina legal, por um lado e, por outro, como engenheiro que contribui para a definição das normas e formas da arquitetura hospitalar. Um arquiteto, Bruno Fortier, responsável pelo Centro de estudos e pesquisas em arquitetura (Cera), participa doravante dos trabalhos de pesquisa desse seminário.

Se a expressão "equipamento coletivo" não figura nos textos do século XVIII, a "máquina de curar", definida pelo médico Tenon como ideal do hospital moderno, neles tem lugar. "A arquitetura hospitalar", escreve Tenon,[22] não pode mais "constituir-se de rotina e tateamentos", devendo responder a múltiplas preocupações: estancar o contágio pela distribuição das salas e dos leitos, a circulação do ar, favorecer a dissociação dos doentes e das doenças, a vigilância dos doentes e do pessoal, manifestar a hierarquia do olhar médico, ter em conta as necessidades da população. "O que serve para curar não é a regularidade do traçado, mas a justeza da arquitetura." O modelo deve ser perfeito – não se podendo mais em nada mudá-lo – acabado, repetível. "Pela primeira vez em 1788", escreve Bruno Fortier, "propõe-se

---

21 *Recherches*, n. 13, op. cit., pp. 27-31 (*Dits et Écrits*, n. 129 e n. 130).
22 J.-R. Tenon, *Mémoires sur les hôpitaux de Paris*. Paris: Imprimerie de PH.-D. Pierres, 1788.

aos arquitetos a imitação como um dever":[23] as tipologias normativas seguem os exemplos oferecidos pela história. A justeza da arquitetura nasce do tratamento de uma rede de questões distintas – climáticas, demográficas, estatísticas, higiênicas, médicas, disciplinares – que têm, cada qual, seu lugar de emergência, sua racionalidade, seus promotores, que respondem a uma multiplicidade de táticas – técnicas de vigilância, de produção de saber, de efetuação de poderes, de medicalização e de saúde pública. Elas podem ser descritas como segmentos análogos ou repetidos ao infinito de um só texto, de um escrevente único, mítico e unitário: o capital.

Certamente, esses novos edifícios incorporam táticas de vigilância encontradas fora, sob outras formas arquiteturais – colégios, casernas –, táticas e formas que puderam preceder e sustentar a emergência da organização capitalista do trabalho e que poderão proliferar para além dela, por exemplo, nos vastos arquipélagos do socialismo siberiano. É que, fundamentalmente, não estamos lidando nem com formas arquiteturais nem com modos de produção, mas com tecnologias de poder. Foi na busca destas "arquiteturas máquinas", tão ajustadas aos seus objetivos, que Foucault veio a redescobrir o que logo tornou-se paradigma de sua obra: o panóptico de Bentham,[24] do qual Poyet[25]

---

23 M. Foucault, B. Barret-Kriegel, A. Thalamy, F. Béguin, B. Fortier, *Les Machines à guérir (aux origines de l'hôpital moderne)*. Paris: Institut de l'environnement, 1976; reed. Bruxelas: Pierre Mardaga, 1979.
24 J. Bentham, *Le Panoptique*, precedido de *L'oeil du pouvoir*, entrevista com Michel Foucault. Paris: Institut de l'environnement, 1976; reed. Bruxelas: Pierre Mardaga, 1979. (facsímile da edição francesa de 1791). (Trad. bras. da entrevista "O olho do poder", por A. L. de Souza in *Microfísica do poder*, op. cit., pp.209-227 – N. da T.).
25 B. Poyet, *Mémoire sur la nécessité de transférer et reconstruir el'Hôtel-Dieu suivi d'un projet de translation de cet hôpital*. Paris: 1785.

desenhara uma interpretação para a reconstrução da Santa Casa de Misericórdia. Os trabalhos do seminário do Collège de France sobre a arquitetura hospitalar no final do século XVIII receberam duas edições, uma em Paris, em 1976, outra em Bruxelas, em 1979: *Les Machines à guérir*.[26]

O segundo estudo coletivo dirigido por Foucault teve por objeto o habitat entre 1800 e 1850.[27] Foi conduzido por François Béguin, hoje historiador da paisagem e da arquitetura colonial.[28] A metodologia é a mesma que a precedente: no lugar de partir de uma história das formas da habitação ou da cidade, os pesquisadores inventariaram as práticas discursivas que circunscreveram e codificaram o habitat como objeto de intervenção administrativa e política entre 1800 e 1850 – a doença, o emprego, a domesticação de equipamentos como a água, a iluminação, a ventilação; e o desenvolvimento de uma crescente jurisdição sobre o espaço público em cuja intersecção se constrói o habitat. "É preciso primeiramente desfazer-se da pregnância da casa, desmineralizá-la, desconstruí-la", escreve F. Béguin.

Poder, saber, espaço

É a partir de *Vigiar e punir* (1975) e de sua rápida circulação internacional – rapidamente traduzido em cerca de vinte línguas – que as análises foucaultianas do espaço recebem uma visibilidade nova como lugar de uma dupla articulação do poder sobre

---

26 M. Foucault, B. Barret-Kriegel, A. Thalamy, F. Béguin, B. Fortier, *Les Machines à guérir*, op. cit.
27 J.-M. Alliaume; B. Barret-Kriegel; F. Beguin; D. Rancière; A. Thalamy, *Politiques de l'habitat 1800-1850*. Paris: Corda, 1977 (estudo realizado sob a direção de M. Foucault).
28 De F. Béguin, citemos principalmente: *Arabisances, décor architectural, trace urbainen Afrique du Nord 1830-1850*. Paris: Dunod, 1983; e *Paysages*. Paris: Flammarion, 1996.

o corpo do indivíduo e do saber ao poder. Seguem-se numerosos estudos sobre a arquitetura da vigilância, publicados na Itália e na Grã-Bretanha principalmente.[29] De modo mais geral, sociólogos e planificadores urbanos começam a referir-se a Foucault. A. Leaman escreveu em Environment and Planning[30] que a obra de Foucault é doravante importante para os urbanistas planificadores e arquitetos por sua análise das qualidades normativas das estruturas e das instituições. Sharon Zukin considera que a cidade está doravante incluída nas análises de uma economia do poder segundo o método desenvolvido em *Vigiar e punir*.[31]

Esse é o contexto em que reaparecem as heterotopias, na Escola de Arquitetura de Veneza em dezembro de 1977, primeiro estudo sobre seu uso possível em uma história dos espaços, Il dispositivo Foucault[32] que reúne ensaios de M. Cacciari, F. Rella, M. Tafuri, G. Teyssot. A capa, como a de *Machines à guérir*, reproduz um plano de arquitetura panóptico para um hospital inglês. Os autores se referem essencialmente a *Vigiar e punir* e, exceto Teyssot, a uma reunião de textos de Foucault sobre o poder publicado neste mesmo ano pela editora Einaudi, Microfisica del potere;[33] a incidência política desta última coletânea

---

29 Ver, especialmente, *Hinterland*, primeiro ano, n. 3, maio-junho/1978, n. trilíngue intitulado *Segregazione e corpo sociale*, consagrado às arquiteturas de vigilância.
30 A. Leaman, in *Environment and Planning*, n. 11, 1979, pp. 1079-1082.
31 Sh. Zukin, "A decade of the new urban sociology", *Theory and Society*, 9, 1980, pp. 575-601.
32 M. Cacciari; F. Rella; M. Tafuri; G; Teyssot, *Il dispositivo Foucault*. Veneza: Cluva, 1977.
33 M. Foucault, *Microfisica del potere: interventi politici*, editado por Fontana e Pasquino, Turin, Einaudi, 1977, retomado e completado pelo movimento alternativo berlinense: *Dispositive der Macht*. Berlim: Merve, 1978. [Ed. bras.: Microfísica do poder, R. Machado. Rio de Janeiro: Graal, 1979 – A edição brasileira é acrescida de outros textos que não constam na edição italiana. Foi publicada também uma edição espanhola, com algumas alterações dos textos selecionados, trad. por J. Varela e F. Alvarez-Uría. Madri: La Piqueta, 1978. N.T.]

foi imediata, logo reforçada pela tradução de *Rhizome*, de Deleuze e Guattari,[34] livros que se tornaram referências teórico-políticas do movimento chamado "Autonomie" (do político, subentenda-se) que incomodava a esquerda do PCI engajado na estratégia do compromisso histórico. É esta incidência política que os italianos batizaram de "l'effeto Foucault"[35] que é o alvo de *Il dispositivo Foucault*.

A introdução à coletânea escrita por F. Rella é perfeitamente explícita; desde logo, traveste as análises foucaultianas da pluralidade das relações de poder em uma metafísica "do poder", de um poder abstrato, imaterial, supostamente em toda parte e, portanto, politicamente em parte alguma: "A única história dos poderes é uma história dos espaços através dos quais o poder se mostra." E, apoiando-se no artigo de Teyssot como única fonte de conhecimento das heterotopias, prossegue: "O não lugar do poder situa-se no centro de uma infinidade de localizações heterotópicas."

A heterotopia torna-se então um "dado central" em Foucault, e a heterotopologia, a fenomenologia da dispersão anárquica do poder. A conclusão desta interpretação é previsível: "Não se combate mais o poder, doravante investido em uma miríade de localizações [ou dispositivos], mas a tirania das teorias globalizantes." Teorias que Rella explicita precisando em nota: "l'effeto Marx."[36]

Na verdade, Teyssot[37] não comenta a conferência de 1967,

---

34 G. Deleuze, F. Guattari, *Rhizome*, Paris, Minuit, 1976; *Rizoma*, Parma/Lucques, Pratiche, 1977.
35 Em italiano, no original. [N.T.]
36 Em italiano, no original. [N.T.]
37 G. Teyssot, "Eterotopia e storiadegli spazi", *Il dispositivo Foucault*, pp. 83-86 e "Heterotopies and the history of spaces", *Architecture and urbanism*, 121, 1980, pp. 79-100.

mas o uso taxinômico do prefácio de *As Palavras e as coisas*, aplicando-o a um projeto de hospital do século XVIII descrito pelo historiador J.-C. Perrot.[38] Seu plano distribui, como uma grade, em oito construções distintas, oito classes de pensionários tão heterogêneos quanto as categorias de animais da enciclopédia de Borges: a) os prisioneiros a pedido de suas famílias; b) os loucos, os prisioneiros por edito real; c) as crianças pobres e legítimas de dois a nove anos, os idosos, os mendigos, as prostitutas acometidas de doenças venéreas; d) as crianças bastardas de mais de nove anos; etc. É a incongruência do conteúdo que designa a arquitetura como heterotopia, e não o jogo de oposição ou de contestação, qualitativa ou simbólica, dos outros espaços que este último institui por sua função, sua forma, suas rupturas.

O uso da heterotopia feito por Teyssot de modo algum transcreve a inscrição profunda da espacialidade na totalidade da existência humana: a heterogeneidade e a descontinuidade dos tempos vividos, os limiares da vida, as crises biológicas (iniciação, puberdade, defloração), Éros e Tânatos. As espacializações da subjetividade sob todas as suas formas, da casa de tolerância à sauna, e não somente as grandes funções da carta de Atenas, receberam em todas as culturas uma inscrição específica no espaço, em espaços, que entretêm entre si não uma relação de divisão como interioridade/exterioridade, margem/centro, público/privado, mas um jogo formal de diferenciação e de reverberação, em suma, no registro da comunicação. Tanto Rella, que faz do

---

38 J.-C. Perrot, *Genèse d'une ville modern, Caen au XVIII siècle*. Paris: Mouton, 1975.

espaço foucaultiano o receptáculo neutro e contínuo das heterotopias do poder – concepção globalizante –, quanto Teyssot, que faz da heterotopia a articulação arquitetural das incongruências do mundo – concepção localista –, carecem, ambos, da terceira dimensão, aquela propriedade do espaço de se remeter a si mesmo na espessura de um jogo formal e simbólico de contestação e de reverberação, em uma fragmentação que não é segmentação, este "Thirding" que E. Soja assim teoriza no Instituto de urbanismo de Los Angeles, na UCLA: "the Thirding as othering."[39]

Essa primeira recepção das "heterotopias" pela escola de arquitetura de Veneza representada por *Il dispositivo Foucault* mostra a ambiguidade da noção de recepção: não se trata de uma compreensão exata nem de uma real instrumentalização, mas de uma reimplantação polissêmica e polêmica em uma rede de debates políticos, por um lado, e de um questionamento epistemológico, por outro.

Em julho de 1976, Foucault relembra pela primeira vez sua conferência de 1967 em uma entrevista sobre o panóptico de Bentham, publicada em 1977, mencionada, aliás, por Teyssot. Seria necessário "escrever toda uma história dos espaços que fosse ao mesmo tempo uma história dos poderes, desde as grandes estratégias da geopolítica até as pequenas táticas do habitat, da arquitetura institucional, da sala de aula ou da organização hospitalar, passando pelas implantações econômico-políticas. É surpreendente ver quanto o problema dos espaços levou tanto tempo

---

39 Ed. Soja, *Thidspace, Journeys to Los Angeles and Other Real and Imagined Places*. Cambridge (Mass.): Blackell, 1996.

para aparecer como um problema histórico-político. Lembro-me que há cerca de dez anos falei destes problemas de uma política dos espaços e de me terem respondido que era bastante reacionário insistir tanto sobre o espaço e que o tempo, o projeto, era a vida e o progresso..."[40]

Uma história foucaultiana dos espaços, mais precisamente, da espacialização do poder, mais precisamente ainda, da inscrição no espaço colonial – heterotópico – desse regime de poder particular que se desenvolve a partir do século XVIII e que Foucault designa de biopoder,[41] a partir do qual os problemas de espaço tornam-se politicamente diferentes, é o projeto que, no começo dos anos oitenta, empreendem o antropólogo Paul Rabinow[42] e a historiadora do habitat americano, Gwendolyn Wright.[43] Nem eles, nem François Béguin conhecem a conferência de 1967.

Em uma entrevista que Rabinow e Wright fizeram com Foucault em 1982,[44] publicada em *Skyline*,[45] revista americana de arquitetura, o filósofo lembra suas obsessões pelo espaço e como "através destas obsessões cheguei ao que é fundamental para mim, as relações que são possíveis entre o poder e o saber...".

---

[40] M. Foucault, J. Bentham, *L'oeil du pouvoir in Le Panoptique*, op.cit. [Ed. bras.: "O olho do poder" in *Microfísica do poder*, op. cit.]

[41] M. Foucault, "Droit de mort et pouvoir sur la vie" in *La Volonté de savoir*. Paris: Gallimard, 1976. [Ed. bras.: *A Vontade de saber*, M. T. da C. Albuquerque e J. A. Guilhon Albuquerque. Rio de Janeiro: Graal, 1977.]

[42] P. Rabinow, *Biopower in the French Colonies*, conferência interdisciplinar sobre Foucault: *Knowledge, Power, History*, Los Angeles, 29-31 de outubro/1981; *French Modern: Norms and Forms of the Social Environment*. Cambridge (Mass.): MIT Press, 1989.

[43] G. Wright, *The Politics of Designs in the French Colonial Urbanism*. Chicago: University Press, 1991.

[44] F. Béguin, *Arabisances*, op. cit.

[45] M. Foucault, "Space, knowledge, power, entretien avec P. Rabinow", *Skyline*, março/1982, pp. 16-20; retomada em *Dits et Écrits*, t. IV, n. 340, pp. 270-285.

A arquitetura e o urbanismo não constituem, diz ele, um campo isolável: "Misturam-se com múltiplas práticas e discursos, mas o espaço é o lugar privilegiado de compreensão de como o poder opera."

Inversamente, ele bane da prática do arquiteto toda esperança utópica: "Os homens sonharam com máquinas libertadoras. Mas, por definição, não existem máquinas de liberdade. Jamais a estrutura das coisas tem competência para garantir a liberdade. Nada é funcionalmente libertador. A liberdade é o que se deve exercer, a garantia da liberdade é a liberdade."

Mestre, doravante, de um discurso político e epistemológico sobre o espaço, Foucault deixa então ressurgir seu antigo conceito de heterotopia: "Diga-se entre parênteses, lembro-me de ter sido convidado por um grupo de arquitetos, em 1966, para realizar um estudo do espaço; tratava-se do que, na época, chamei de 'heterotopias', espaços singulares que encontramos em alguns espaços sociais cujas funções são diferentes das dos outros, ou terminantemente opostas. Os arquitetos trabalhavam neste projeto e, no final do estudo, alguém tomou a palavra – um psicólogo sartreano – para me bombardear que o espaço era reacionário e capitalista, enquanto a história e o devir eram revolucionários. Àquela época este discurso absurdo de modo algum era inabitual. Hoje em dia, qualquer um se dobraria de rir ouvindo aquilo."

Não há como não se impressionar com esta longa anamnese em dois tempos: primeiro, em 1976, relativamente à objeção política feita em 1967, e em 1982 enfim, relativamente ao próprio conceito de heterotopia; em 1984 Foucault podia acolher favoravelmente a reutilização de sua conferência pelo IBA de Berlin.

Os dois organizadores da exposição, o alemão Johannes Gachnang e o italiano Marco de Michelis, conheciam esse texto em sua publicação de 1968, em *Archittetura*.[46] Ele sintonizava estranhamente com a estratégia do IBA, tal como foi exposta por um de seus dois responsáveis, J.-P. Kleihues:[47] "executar a ideia de uma cidade por fragmentos", falar de arquitetura urbana sem traçar primeiramente um plano global de urbanismo; respeitar a variedade histórica e topográfica berlinense; pensar a composição da cidade por ilhotas e até confiar a diversos arquitetos a reconstrução das residências em uma mesma ilhota. E, por ocasião de uma reunificação eventual, justificar a conservação da arquitetura staliniana.

Sua tradução americana ocorreu em 1986, publicada primeiramente na revista interdisciplinar de Cornell, *Diacriticis*, depois na revista de arquitetura *Lotus*.[48] Inaugurava-se uma carreira nova para a interpretação qualitativa dos "espaços outros". Não se compreenderia esta carreira sem a simultaneidade da tradução dos volumes II e III de *História da sexualidade*,[49] a partir dos quais Foucault torna-se uma referência para aquilo que os americanos denominam "políticas da identidade". Movimentos feministas, movimento gay, grupos étnicos, constituem a nova rede de

---

46 Informação obtida com eles e concedida por Françoise Joly.
47 J.-P. Kleihues, "À propos de la ville européenne", entrevista com M. Bourdeau, AMCS, outubro/1984, pp. 95-99.
48 M. Foucault, "Of other spaces", *Diacriticis*, 16, n. 1, 1986, pp. 22-27 e *Lotus international*, 1986.
49 M. Foucault, *L'Usage des plaisirs*. Paris: Gallimard, 1984; Le Souci de soi. Paris: Gallimard, 1984; Ed. ingl.: *The Use of Pleasure*. Harmondsworth: Penguin, 1985; *The Care of the Self*. Harmondsworth: Penguin, 1986. [Ed. bras.: *O Uso dos prazeres*, M. T. da C. Albuquerque. Rio de Janeiro: Graal, 1984; e *O Cuidado de si*, M. T. da C. Albuquerque. Rio de Janeiro: Graal, 1985].

inscrição e a nova avaliação das heterotopias. A história dos modos de subjetivação realizada por Foucault atravessa textos como *The spaces that diferences make*, do urbanista Ed. Soja,[50] *Gendered Spaces*, da feminista Daphne Spain,[51] *The New Cultural Politics of Difference*, de Cornel West,[52] ou *Geographical Imaginations*, do geógrafo Derek Gregory.[53]

Lugar de emergência da heterotopia, a análise literária dela se apropria com Brian McHale, Michel de Certeau,[54] a análise fílmica com Giuliana Bruno.[55] Foucault torna-se passagem obrigatória para toda análise do espaço, constata Soja.

O mesmo se passa com as artes plásticas. Apresentando as obras do artista plástico cubano Felix Gonzalez-Torres, Nancy Spector descreve uma experiência de "ambiente heterotópico" realizada em Manhattan.[56] Em vinte e quatro painéis de anúncio publicitário das instalações urbanas de Manhattan, Gonzalez-Torres afixou o contraespaço constituído por imensa foto em preto e branco da intimidade de uma cama exposta. Desnudamento absoluto de um puro roçar de lençóis, leve traçado de duas cabeças no vão entre os dois travesseiros, onde cada qual pode projetar ou a interrupção do sono ou o amor consumado, ou mais

---

50 Ed. Soja, "The spaces that diferences make" in M. Keith e S. Pile, *Place and the Politics of identity*. Nova York: Routledge, 1993, pp. 183-205.
51 D. Spain, *Gendered Spaces*. Chapel Hill: University of Carolina Press, 1992.
52 C. West, *The New Cultural Politics of Difference: Out There. The Dilemma of the Black Intellectual*. Ferguson: 1994.
53 D. Gregory, *Geographical Imaginations*, citado in Ed. Soja, *Thirdspace*. Cambridge: Blackwell, 1994.
54 B. McHale, *Post Modernist Fiction*. Nova York: Routledge, 1988; M. de Certeau, *Heterologies: Discourse of the Other*. Manchester: Manchester University Press, 1986.
55 G. Bruno, "Bodily Architectures", *Assemblages*, 19 dezembro/1992.
56 N. Spector, *Felix Gonzalez-Torres*. Nova York, The Solomon R. Guggenheim Museum, 1995.

radicalmente, a advertência do artista: uma decisão de 1986 da Corte suprema autoriza doravante a justiça, em todo Estado em que a sodomia é ainda um crime, a persegui-la mesmo quando consentida entre adultos; em suma, a intimidade do espaço privado da cama acaba de entrar no espaço público. Esta articulação entre o público e o privado poderia criar, segundo Spector, uma história mais silenciosa: a marca vazia do companheiro do artista morto de aids.

Maravilhosa intuição, no começo da conferência radiofônica de Foucault em 1966, daquela passagem inexistente na conferência para os arquitetos em 1967, em que o filósofo evocava como primeira figura da heterotopia a cama dos pais, que as crianças gostam de invadir com um prazer de transgressão e de sonho das origens. Não poderíamos concluir que aqui, a longa série de reinscrições do texto em múltiplas redes e estratégias, que a longa série de transformações da figura social de seu autor encontram neste instante de sua trajetória a mais completa forma de recepção?[57] Foucault não declarara, tantas vezes, que almejava menos leitores que *utilizadores*?[58]

---

57 Ed. Soja, "Heterotopies: remembrance of other spaces in the citadel LA", *Strategies, a journal of theory, culture and politics*, 3, 1990, pp. 1-39; *Post metropolis: Critical Studies of Cities and Regions*. Londres: Blackwell, 2000.
58 Em 2001, uma associação cultural italiana denominada Eterotopia publicou uma releitura de textos de Foucault sobre o espaço sob o título *Spezialtri*.

n-1

O livro como imagem do mundo é de toda maneira uma ideia insípida. Na verdade não basta dizer Viva o múltiplo, grito de resto difícil de emitir. Nenhuma habilidade tipográfica, lexical ou mesmo sintática será suficiente para fazê-lo ouvir. É preciso fazer o múltiplo, não acrescentando sempre uma dimensão superior, mas, ao contrário, da maneira mais simples, com força de sobriedade, no nível das dimensões de que se dispõe, sempre n-1 (é somente assim que o uno faz parte do múltiplo, estando sempre subtraído dele). Subtrair o único da multiplicidade a ser constituída; escrever a n-1.

Gilles Deleuze e Félix Guattari

M-1

Le livre comme image du monde, de toute façon quelle idée fade. En vérité, il ne suffit pas de dire Vive le multiple, bien que ce cri soit difficile à pousser. Aucune habileté typographique, lexicale ou même syntaxique ne suffira à le faire entendre. Le multiple, il faut le faire, non pas en ajoutant toujours une dimension supérieure, mais au contraire le plus simplement, à force de sobriété, au niveau des dimensions dont on dispose, toujours n-1 (c'est seulement ainsi que l'un fait partie du multiple, en étant toujours soustrait). Soustraire l'unique de la Multiplicité à constituer; écrire à n-1.

Gilles Deleuze et Félix Guattari

adultes consentants; en bref, l'intimité de l'espace privé du lit vient d'entrer dans l'espace public. Cette articulation du public et du privé pourrait crier selon Spector une histoire plus muette : l'empreinte vacante du compagnon de l'artiste mort du sida.

Merveilleuse intuition des commencements de la conférence radiophonique de Foucault de 1966, de ce passage disparu de la conférence aux architectes en 1967, où le philosophe évoquait comme première figure de l'hétérotopie le lit des parents, que les enfants aiment à pénétrer dans un plaisir de transgression et de rêverie des origines. Ne pourrait-on pas conclure qu'ici la longue série des réinscriptions du texte dans de multiples réseaux et stratégies, que la longue série des transformations de la figure sociale de son auteur trouvent en cet instant de leur trajectoire la forme la plus achevée de réception[51]? Foucault n'avait-il pas maintes fois déclaré qu'il souhaitait moins des lecteurs que des *utilisateurs*[52]?

---

51 Ed. Soja, «Heterotopies: remembrance of other spaces in the citadel LA», *Strategies, a journal of theory, culture and politics*, 3, 1990, p. 1-39; *Postmetropolis: Critical Studies of Cities and Regions*, Londres, Blackwell, 2000.
52 En 2001, une association culturelle italienne dénommée Ete-rotopia a publié une relecture de textes de Foucault sur l'espace sous le titre *Spezialtri*.

make» de l'urbaniste Ed. Soja[44], *Gendered Spaces* de la féministe Daphne Spain[45], *The New Cultural Politics of Difference*, de Cornel West[46], ou *Geographical Imaginations*, du géographe Derek Gregory[47].

Lieu d'émergence de l'hétérotopie, l'analyse littéraire se la réapproprie avec Brian McHale, Michel de Certeau[48], l'analyse filmique avec Giuliana Bruno[49]. Foucault devient le passage obligé de toute analyse de l'espace, constate Soja.

De même pour les arts plastiques. Présentant les œuvres du plasticien cubain Felix Gonzalez-Torres, Nancy Spector décrit une expérience «d'environnement hétérotopique» réalisée à Manhattan[50]. Sur vingt-quatre des panneaux d'affichage publicitaire du mobilier urbain de Manhattan, Gonzalez-Torres a placardé le contre-espace que constitue l'immense photo en noir et blanc de l'intimité d'un lit ouvert. Dépouillement absolu d'un pur froissement de draps, empreinte légère de deux têtes dans le creusement des deux oreillers, où chacun peut projeter ou l'interruption du sommeil ou l'amour accompli, ou, plus radical, l'avertissement de l'artiste: une décision de 1986 de la Cour suprême autorise désormais la justice, dans tout État où la sodomie est encore un crime, de la poursuivre même entre

---

44 Ed. Soja, «The spaces that differences make», in M. Keith et S. Pile, *Place and the Politics of Identity*, New York, Routledge, 1993, p. 183-205.
45 D. Spain, *Gendered Spaces*, Chapel Hill, University of Caro-lina Press, 1992.
46 C. West, *The New Cultural Politics of Difference: Out There. The Dilemma of the Black Intellectual*, Ferguson, 1994.
47 D. Gregory, *Geographical Imaginations*, cité in Ed. Soja, *Thirdspace*, Cambridge, Blackwell, 1994.
48 B. McHale, *Post Modernist Fiction*, New York, Routledge, 1988; M. de Certeau, *Heterologies: Discourse of the Other*, Man-chester, Manchester University Press, 1986.
49 G. Bruno, «Bodily Architectures», *Assemblages*, 19 déc. 1992.
50 N. Spector, *Felix Gonzales-Torres*, The Solomon R. Guggenheim Museum, New York, 1995.

Les deux organisateurs de l'exposition, l'Allemand Johannes Gachnang et l'Italien Marco de Michelis, connaissaient ce texte par sa publication en 1968 dans *Archittetura*[40]. Il consonait étrangement avec la stratégie d'IBA, telle que l'a exposée un de ses deux responsables, J.-P. Kleihues[41]: «*mettre en œuvre l'idée d'une ville par fragments*», parler d'architecture urbaine sans dresser d'abord un plan global d'urbanisme; de respecter la variété historique et topographique berlinoise; de penser la composition de la ville par îlots et même de confier à plusieurs architectes la reconstruction des logements d'un même îlot. Et lors d'une réunification éventuelle, justifier la conservation de l'architecture stalinienne.

Sa traduction américaine se fit en 1986, parue d'abord dans la revue interdisciplinaire de Cornell, *Diacriticis*, puis dans la revue d'architecture *Lotus*[42]. Elle inaugurait une carrière nouvelle pour l'interprétation qualitative des «espaces autres». On ne comprendrait pas cette carrière sans la simultanéité de la traduction des volumes II et III de l'*Histoire de la sexualité*[43] à partir desquels Foucault devient une référence pour ce que les Américains nomment les «politiques de l'identité». Mouvements féministes, mouvement gai, groupes ethniques constituent le nouveau réseau d'inscription et l'évaluation nouvelle des hétérotopies. L'histoire des modes de subjectivation entreprise par Foucault traverse des textes comme «The spaces that differences

---

40 Information communiquée par Françoise Joly, recueillie auprès d'eux.
41 J.-P. Kleihues, «À propos de la ville européenne», entretien avec M. Bourdeau, *AMCS*, octobre 1984, p. 95-99.
42 M. Foucault, «Of other spaces», *Diacriticis*, 16, n° 1, 1986, p. 22-27 et *Lotus international*, 1986.
43 M. Foucault, *L'Usage des plaisirs*, Paris, Gallimard, 1984; *Le Souci de soi*, Paris, Gallimard, 1984; trad. *The Use of Pleasure*, Harmondsworth, Penguin, 1985; *The Care of the Self*, Har-mondsworth, Penguin, 1986.

isolable: «*Ils se mélan-gent avec de multiples pratiques et discours, mais l'espace est le lieu privilégié de compréhension de comment le pouvoir opère.*»

Inversement il bannit de la pratique de l'architecte toute espérance utopique: «*Les hommes ont rêvé de machines libératrices. Mais il n'y a pas par définition de machines de liberté. Il n'appartient jamais à la structure des choses de garantir la liberté. La liberté est une pratique. Rien n'est fonctionnellement libérateur. La liberté est ce qui doit s'exercer, la garantie de la liberté est la liberté*».

Désormais maître d'un discours politique et épistémologique sur l'espace, Foucault laisse alors remonter son lointain concept d'hétérotopie: «*Soit dit par parenthèse, je me souviens avoir été invité par un groupe d'architectes, en 1966, à faire une étude de l'espace; il s'agissait de ce que j'ai appelé, à l'époque, les "hétérotopies", ces espaces singuliers que l'on trouve dans certains espaces sociaux dont les fonctions sont différentes de celles des autres, voire carrément opposées. Les architectes travaillaient sur ce projet et, à la fin de l'étude, quelqu'un prit la parole – un psychologue sartrien – qui me bombarda que l'espace était réactionnaire et capitaliste, mais que l'histoire et le devenir étaient révolutionnaires. À l'époque ce discours absurde n'était pas du tout inhabituel. Aujourd'hui n'importe qui se tordrait de rire en entendant cela.*»

On ne peut qu'être frappé par cette longue anamnèse en deux temps: en 1976 d'abord de l'objection politique faite en 1967, en 1982 enfin du concept même d'hétérotopie; en 1984 Foucault pouvait accueillir favorablement la réutilisation de sa conférence par l'IBA de Berlin.

est surprenant de voir combien le problème des espaces a mis long-temps à apparaître comme un problème historico-politique. Je me souviens, il y a une dizaine d'années, avoir parlé de ces problèmes d'une politique des espaces et m'être fait répondre que c'était bien réactionnaire de tant insister sur l'espace, que le temps, le projet, c'était la vie et le progrès[34]...»

Une histoire foucaldienne des espaces, plus précisément de la spatialisation du pouvoir, plus précisément encore de l'inscription dans l'espace colonial – hétérotopique – de ce régime de pouvoir particulier qui se développe à partir du xviiie siècle et que Foucault désigne comme biopouvoir[35], à partir de quoi les problèmes d'espace deviennent politiquement différents, c'est le projet qu'entre prennent au début des années quatre-vingt l'anthropologue Paul Rabinow[36] et l'historienne de l'habitat américain, Gwendolyn Wright[37]. Ni eux, ni François Béguin ne connaissent la conférence de 1967.

Dans un entretien paru dans *Skyline*[38], revue américaine d'architecture, que Rabinow et Wright ont mené avec Foucault en 1982[39], le philosophe rappelle ses obsessions de l'espace et «*à travers ces obsessions je suis arrivé à ce qui est fondamental pour moi, les relations qui sont possibles entre le pouvoir et le savoir...*». L'architecture et l'urbanisme ne constituent pas, dit-il, un champ

---

[34] M. Foucault, J. Bentham, *L'œil du pouvoir*, in *Le Panoptique, op. cit.*
[35] M. Foucault, *La Volonté de savoir*, Paris, Gallimard, 1976. chap. V: «Droit de mort et pouvoir sur la vie».
[36] P. Rabinow, *Biopower in the French Colonies*, conférence inter-disciplinaire sur Foucault: *Knowledge, Power, History*, Los Ange-les, 29-31 octobre 1981; *French Modern: Norms and Forms of the Social Environment*, Cambridge (Mass.), MIT Press, 1989.
[37] G. Wright, *The Politics of Designs in the French Colonial Urbanism*, Chicago, University Press, 1991.
[38] M. Foucault, «Space, knowledge, power, entretien avec P. Rabinow», *Skyline*, mars 1982, p. 16-20; repris in *Dits et Écrits*, t. IV, n° 340, p. 270-285.
[39] F. Béguin, *Arabisances, op. cit.*

réverbération, en somme dans le registre de la communication. Aussi bien Rella qui fait de l'espace foucaldien le réceptacle neutre et continu des hétérotopies du pouvoir – conception globalisante – que Teyssot qui fait de l'hétérotopie l'articulation architecturale des incongruités du monde – conception localiste –, les deux manquent la troisième dimension, cette propriété de l'espace à se renvoyer à lui-même dans l'épaisseur d'un jeu formel et symbolique de contestation et de réverbération, dans une fragmentation qui n'est pas segmentation, ce «*Thirding*» que Ed.Soja théorise à UCLA, à l'Institut d'urbanisme de Los Angeles ainsi: «*the Thirding as othering*[33]».

Cette première réception des «hétérotopies» par l'école d'architecture de Venise que représente *Il dispositivo Foucault* montre l'ambiguïté de cette notion de réception: il ne s'agit ni d'une compréhension exacte ni d'une réelle instrumentalisation mais d'une réimplantation polysémique et polémique dans un réseau de débats politiques, d'une part, et d'un questionnement épistémologique, d'autre part.

Dès juillet1976, Foucault avait pour la première fois réévoqué sa conférence de 1967 dans un entretien sur le panoptique de Bentham, publié en 1977, mentionné d'ailleurs par Teyssot. Il y aurait à «*écrire toute une histoire des espaces qui serait en même temps une histoire des pouvoirs, depuis les grandes stratégies de la géopolitique jusqu'aux petites tactiques de l'habitat, de l'architecture institutionnelle, de la salle de classe ou de l'organisation hospitalière, en passant par les implantations économico-politiques. Il*

---

[33] Ed. Soja, *Thirdspace, Journeys to Los Angeles and Other Real and Imagined Places*, Cambridge (Mass.), Blackwell, 1996.

En fait Teyssot[31] ne commente pas la conférence de 1967 mais l'usage taxinomique de la préface de *Les Mots et les Choses*, l'appliquant à un projet d'hôpital du xviiie siècle décrit par l'historien J.-C.Perrot[32]. Son plan répartit, comme un gril, en huit bâtiments distincts huit classes de pensionnaires aussi hétérogènes que les catégories d'animaux de l'encyclopédie de Borges : a) les prisonniers à la demande de leurs familles; b) les fous, les prisonniers par édit royal; c) les enfants pauvres et légitimes de deux à neuf ans, les vieillards, les mendiants, les prostituées atteintes de maladies vénériennes; d) les enfants bâtards de plus de neuf ans, etc. C'est l'incongruité du contenu qui désigne l'architecture comme hétérotopie et non le jeu d'opposition, ou de contestation, qualitative ou symbolique, des autres espaces que celui-ci institue par sa fonction, sa forme, ses ruptures.

L'usage que fait Teyssot de l'hétérotopie ne transcrit aucunement l'inscription profonde de la spatialité dans la totalité de l'existence humaine : l'hétérogénéité et la discontinuité des temps vécus, les seuils de la vie, les crises biologiques (initiation, puberté, défloration), Éros et Thanatos. Les spatialisations de la subjectivité sous toutes ses formes, de la maison close au sauna, et pas seulement les grandes fonctions de la charte d'Athènes, ont reçu dans toute culture une inscription spécifique dans l'espace, dans des espaces, qui sont entre eux non pas dans un rapport de partage comme intériorité/extériorité, marge/centre, public/privé, mais dans un jeu formel de différenciation et de

---

31 G. Teyssot, «Eterotopia e storia degli spazi», *Il dispositivo Foucault*, p. 83-86 et «Heterotopies and the history of spaces», *Architecture and Urbanism*, 121, 1980, p. 79-100.
32 J.-C. Perrot, *Genèse d'une ville moderne, Caen au xviiie siècle*, Paris, Mouton, 1975.

de textes de Foucault sur le pouvoir paru cette même année chez Einaudi, la *Microfisica del potere*[29]; l'incidence politique de ce dernier recueil fut immédiate, soutenue bientôt par la traduction de *Rhizome* de Deleuze et Guattari[30], livres devenus les références théorico-politiques du mouvement dit «Autonomie» (sous-entendu du politique) qui gênait sur sa gauche le PCI engagé dans la stratégie du compromis historique. C'est cette incidence politique que les Italiens avaient baptisé *«l'effetto Foucault»*, qui est la cible d'*Il dispositivo Foucault*.

L'introduction au recueil écrite par F.Rella est parfaitement explicite; elle travestit d'abord les analyses foucaldiennes de la pluralité des relations de pouvoir en une métaphysique «du pouvoir», d'un pouvoir abstrait, immatériel, supposé partout donc politiquement nulle part: *«L'unique histoire des pouvoirs est une histoire des espaces à travers lesquels le pouvoir se montre.»* Et, s'appuyant sur l'article de Teyssot comme unique source de connaissance des hétérotopies, il poursuit: *«Le non-lieu du pouvoir se tient au centre d'une infinité de localisations hétérotopiques.»*

L'hétérotopie devient donc une «donnée centrale» chez Foucault, et l'hétérotopologie la phénoménologie de la dispersion anarchique du pouvoir. La conclusion de cette interprétation est attendue: *«On ne combat plus le pouvoir, investi désormais dans une myriade de localisations* [ou dispositifs] *mais la tyrannie des théories globalisantes.»* Théories que Rella explicite en précisant en note: *«l'effetto Marx»*.

---

29 M. Foucault, *Microfisica del potere: interventi politici*, édité par Fontana et Pasquino, Turin, Einaudi, 1977, repris et complété par le mouvement alternatif berlinois: *Dispositive der Macht*, Berlin, Merve, 1978.
30 G. Deleuze, F. Guattari, *Rhizome*, Paris, Minuit, 1976; *Rizoma*, Parme/Lucques, Pratiche, 1977.

Pouvoir, savoir, espace

C'est à partir de *Surveiller et punir* (1975) et de sa rapide circulation internationale – il fut rapidement traduit dans une vingtaine de langues – que les analyses foucaldiennes de l'espace reçoivent une visibilité nouvelle comme lieu d'une double articulation du pouvoir sur le corps de l'individu et du savoir au pouvoir. Plusieurs études s'ensuivent sur l'architecture de surveillance qui sont publiées en Italie et en Grande-Bretagne principalement[25]. Plus généralement, sociologues urbains et aménageurs commencent à se référer à Foucault. A. Leaman écrit dans *Environment and Planning*[26] que l'œuvre de Foucault est désormais importante pour les urbanistes planificateurs et architectes pour son analyse des qualités normatives des structures et des institutions. Sharon Zukin considère que la cité est désormais incluse dans les analyses d'une économie du pouvoir d'après la méthode développée par *Surveiller et punir*[27].

Tel est le contexte où réapparaissent les hétérotopies, à l'école d'architecture de Venise en décembre 1977, première étude sur leur usage possible dans une histoire des espaces, *Il dispositivo Foucault*[28] qui rassemble des essais de M. Cacciari, F. Rella, M. Tafuri, G. Teyssot. Sa couverture, comme celle des *Machines à guérir*, reproduit un plan d'architecture panoptique pour un hôpital anglais. Les auteurs se réfèrent essentiellement à *Surveiller et punir*, et, à l'exception de Teyssot, à un recueil

---
25 Voir notamment *Hinterland*, première année, n° 3, mai-juin 1978, n° trilingue intitulé *Segregazione e corpo sociale*, consacré aux architectures de surveillance.
26 A. Leaman, in *Environment and Planning*, n° 11, 1979, p. 1079-1082.
27 Sh. Zukin, «A decade of the new urban sociology», *Theory and Society*, 9, 1980, p. 575-601.
28 M. Cacciari; F. Rella; M. Tafuri; G. Teyssot, *Il dispositivo Foucault*, Venise, Cluva, 1977.

des modes de production mais à des technologies de pouvoir. C'est dans la quête de ces «architectures machines» tellement ajustées à leurs objectifs, que Foucault devait redécouvrir ce qui en devint bientôt le paradigme dans son œuvre: le panoptique de Bentham[20] dont Poyet[21] avait dessiné une interprétation pour la reconstruction de l'Hôtel-Dieu. Les travaux du séminaire du Collège de France sur l'architecture hospitalière à la fin du xviiie siècle connurent deux éditions, l'une à Paris en 1976, l'autre à Bruxelles en 1979: *Les Machines à guérir*[22].

La seconde étude collective dirigée par Foucault eut pour objet l'habitat entre 1800 et 1850[23]. Elle fut pilotée par François Béguin, aujourd'hui historien du paysage et de l'architecture coloniale[24]. La méthodologie est la même que précédemment: au lieu de partir d'une histoire des formes de l'habitation ou de la ville, les chercheurs inventorient les pratiques discursives qui ont circonscrit et codifié l'habitat comme objet d'intervention administrative et politique entre 1800 et 1850 – la maladie, l'emploi, la domestication d'équipements comme l'eau, l'éclairage, l'aération; et le développement d'une juridiction croissante sur l'espace public à l'intersection de quoi se construit l'habitat. «*Il faut d'abord se défaire de la prégnance de la maison, la déminéraliser, la déconstruire*», écrit F. Béguin.

---

20 J. Bentham, *Le Panoptique*, précédé de *L'œil du pouvoir*, entre-tien avec Michel Foucault, Paris, Belfond, 1977 (fac-similé de l'édition française de 1791).
21 B. Poyet, *Mémoire sur la nécessité de transférer et reconstruire l'Hôtel-Dieu suivi d'un projet de translation de cet hôpital*, Paris, 1785.
22 M. Foucault, B. Barret-Kriegel, A. Thalamy, F. Béguin, B. Fortier, *Les Machines à guérir, op. cit.*
23 J.-M. Alliaume; B. Barret-Kriegel; F. Béguin; D. Rancière; A. Thalamy, *Politiques de l'habitat 1800-1850*, Paris, Corda, 1977 (étude réalisée sous la direction de M. Foucault).
24 De F. Béguin, citons notamment: *Arabisances, décor architec-tural, tracé urbain en Afrique du Nord 1830-1850*, Paris, Dunod, 1983 et *Paysages*, Paris, Flammarion, 1996.

préoccupations: arrêter la contagion par la distribution des salles et des lits, la circulation de l'air, favoriser la dissociation des malades et des maladies, la surveillance des malades et des personnels, manifester la hiérarchie du regard médical, tenir compte des besoins de la population. «*Ce qui sert à guérir, ce n'est pas la régularité du tracé mais la justesse de l'architecture.*» Le modèle doit être parfait – qu'on n'y puisse plus rien changer – fini, répétable. «*Pour la première fois en 1788*, écrit Bruno Fortier, *il est proposé aux architectes l'imitation comme un devoir*[19]»: les typologies normatives succèdent aux exemples offerts par l'histoire. La justesse de l'architecture naît du traitement d'un réseau de questions distinctes – climatiques, démographiques, statistiques, hygiéniques, médicales, disciplinaires – qui ont chacune leur lieu d'émergence, leur rationalité, leurs promoteurs, qui répondent à une multiplicité de tactiques – techniques de surveillance, de production de savoir, d'effectuation de pouvoirs, de médicalisation et de santé publique. Elles ne peuvent être décrites comme les segments analogues ou répétés à l'infini d'un seul texte, d'un scripteur unique, mythique et unitaire: le capital.

Bien sûr, ces édifices nouveaux incorporent des tactiques de surveillance repérées ailleurs, sous d'autres formes architecturales – collèges, casernes –, tactiques et formes qui ont pu précéder et soutenir l'émergence de l'organisation capitaliste du travail et pourront proliférer même au-delà de celle-ci, dans les vastes archipels par exemple du socialisme sibérien. Car on n'a affaire fondamentalement ni à des formes architecturales ni à

---

19 M. Foucault, B. Barret-Kriegel, A. Thalamy, F. Béguin, B. Fortier, *Les Machines à guérir (aux origines de l'hôpital moderne)*, Paris, Institut de l'environnement, 1976; rééd. Bruxelles, Pierre Mardaga, 1979.

à l'émergence de ce qui sera bientôt baptisé «attitude postmoderne». L'entreprise est décrite par ses auteurs comme «une étrange machine faite de pièces et morceaux empruntés au généalogiste Foucault, dérobés sur le chantier du savant bicéphale Deleuze-Guattari».

«Le généalogiste Foucault» c'est en fait une image sociale nouvelle du philosophe : la démarche généalogique n'est franchement affirmée que depuis son enseignement au Collège de France inauguré en décembre 1970. De plus, depuis 1971 il anime avec Deleuze un mouvement militant, le Groupe d'information sur les prisons (GIP) enraciné à l'extrême gauche.

L'approche «généalogique» des équipements collectifs, Foucault la discute avec le Cerfi qui travaille sur la ville[17], il la met en œuvre surtout dans son séminaire du Collège de France. Le séminaire est consacré à l'émergence du médecin comme expert au xixe siècle à travers l'expertise psychiatrique en médecine légale, d'une part, et comme ingénieur contribuant à la définition des normes et des formes de l'architecture hospitalière d'autre part. Un architecte, Bruno Fortier, responsable du Centre d'études et recherches en architecture (Cera), participe désormais aux travaux de recherche de ce séminaire.

Si l'expression «équipement collectif» ne figure pas dans les textes du xviiie siècle, celle de «machine à guérir» définie par le médecin Tenon comme idéal de l'hôpital moderne en tient lieu. «*L'architecture hospitalière*», écrit Tenon[18], ne peut plus «*être de routine et de tâtonnements*», elle doit répondre à de multiples

---
17 *Recherches*, n° 13, *op. cit.*, p. 27-31, (*Dits et Écrits*, n° 29 et n° 130).
18 J.-R. Tenon, *Mémoires sur les hôpitaux de Paris*, Paris, 1788.

inhérente à l'extension universelle du capital, une propension de son ordre d'échange, de l'ordre tout court», pouvait-on lire dans la revue *Traverse*[14].

Généalogie des équipements collectifs

C'est à partir de 1972 que Foucault entreprend des recherches en équipe sur l'histoire des équipements collectifs. D'abord avec le Centre d'études, de recherches et de formation institutionnelle – ou Cerfi – animé par le psychiatre Felix Guattari, lequel termine alors avec Gilles Deleuze la rédaction de leur *Anti--Œdipe*[15]. Créé en 1965 avec des chercheurs en sciences sociales dissidents du Parti communiste français (PCF), le Cerfi remet en cause après 1970 sa culture marxiste, la soumettant à une double épreuve: 1. celle de la démarche généalogique à l'œuvre dans l'*Histoire de la folie* et *Naissance de la clinique*; 2. celle d'une clarification des relations libidinales que tout chercheur entretient avec l'objet de sa recherche (l'ambivalence de la réflexion urbanistique envers la rationalité capitaliste n'échappait à personne), et que les chercheurs entretiennent entre eux comme groupe social hiérarchisé et sexué.

Le récit de cette double mise à l'épreuve publié dans leur revue[16] est probablement un des plus intéressants journaux de bord de la traversée idéologique de ces années-là. On y assiste comme en laboratoire au délitement de l'analyse marxiste et

---

14 B. Eizykman, «Urbanisme», *Traverse*, n° 4, 1976, cité par A. Thalamy in *Politiques de l'habitat*, Corda, 1977, p. 14.
15 G. Deleuze, F. Guattari, *L'Anti-Œdipe*, Paris, Minuit, 1972.
16 «Généalogie du capital, 1. Les équipements du pouvoir», *Recherches*, n° 13, décembre 1973. Seul exemple d'une reprise des *hétérotopies* par H. Lefebvre, à propos de *La Pensée marxiste de la ville*, Paris, Casterman, 1972.

s'écrit depuis bientôt deux siècles la méta-narration du capital? N'est-ce pas là l'impensé général, le non-dit de tous ces cloisonnements bâtis entre les classes, les sexes et les générations?

Que le discours architectural et urbanistique français des années soixante-dix se déployât dans l'espace de l'utopie, la fascination des écoles d'architecture pour la visite des cités patronales, ces utopies réalisées comme le familistère de Guise construit par Godin, ou la cité Menier de Noisiel, en témoigne. Les promoteurs de ces cités n'avaient-ils pas inventé, parmi les premiers, la consommation de masse? L'un en miniaturisant la millénaire et coûteuse cheminée en un poêle domestique, l'autre un médicament des armées napoléoniennes, le cacao, en complément alimentaire industriel, la tablette de chocolat. N'avaient-ils pas articulé au plus juste la rationalisation de la consommation et celle de l'occupation de l'espace? La rationalisation de la cité patronale comme la fragmentation de l'espace urbain, l'homogène comme l'hétérogène renvoyaient à une même grille de lecture, infalsifiable: la spatialisation du capital. L'architecte devenait le technicien passif de la mise en œuvre des stratégies et des normes du capital.

Littérature mineure, l'élégante description formelle des hérotopies pouvait-elle tracer un sillon dans le discours dominant qui se déployait dans le droit fil de l'utopie?

«Il s'avère utile de parler indifféremment des utopies pré-urbanistes, des cités ouvrières, d'Haussmann, du Bauhaus, du fonctionnalisme, des shakers, des grands ensembles, des villes nouvelles: partout s'affirme dangereusement une rationalisation de l'espace

C'est à la fin de cette même année 1967 que Jean-Luc Godard dans *La Chinoise* faisait lancer des tomates par son héroïne, étudiante prochinoise interprétée par Anne Wiazemsky, contre un exemplaire des *Mots et les Choses*, livre symbole alors, par ses discontinuités abruptes de la pensée dans le temps, de la négation de l'histoire et donc de la négation de la révolution.

La conférence de 1967 pouvait-elle avoir une autre circulation que celle d'un dactylogramme parmi les membres du Cercle? Le Cercle lui-même n'avait pas de revue et n'éditait aucune de ses conférences. Par ailleurs, les conceptions que partageaient alors les architectes devaient beaucoup à Le Corbusier et au Bauhaus, à la rationalisation des formes et à la «lisibilité» de l'espace urbain, conçu comme un texte ponctué de «repères», espaces ou édifices. Françoise Choay, que Foucault fréquenta dans les années soixante-dix, retrace ces problématiques dans *Urbanisme, utopies et réalités*[13]. Un urbanisme progressiste humaniste qui se soutenait de la charte d'Athènes et d'une rationalité croissante ou un urbanisme culturaliste pour lequel chaque forme est symbole et qui regarde avec nostalgie vers l'harmonie des villes passées: telles étaient les «idées régulatrices de la raison urbanistique». Ces idées régulatrices ne découpaient-elles pas déjà en pointillé l'espace de l'utopie où allait se déployer après 1968 le discours architectural et urbain dans une dissolution de l'objet «ville» au sein des rapports sociaux capitalistes? La ville comme totalité formelle ou rationnelle n'at-elle pas été disloquée par le capitalisme? L'espace n'est-il pas une immense page blanche où

---

13 F. Choay, *Urbanisme, utopies et réalités*, Paris, Seuil, 1965.

Dubuisson, c'est ce dernier qui invita Foucault. Les conférences étaient prises en sténographie puis dactylographiées et remises aux membres du Cercle. Pierre Riboulet – architecte entre autres de l'hôpital Robert-Debré – a conservé sa copie. Il se rappelle les précautions oratoires du philosophe pour introduire son propos, son insistance sur son ignorance des préoccupations des architectes. Les références sont empruntées à l'histoire des sciences (Koyré, Bachelard), à la critique littéraire (J.-P. Richard, Blanchot), à la psychanalyse existentielle (Binswanger), tous sujets à propos desquels Foucault avait déjà déployé ses «obsessions de l'espace[9]».

Pour marquer son enthousiasme à l'issue de cette conférence, Robert Auzelle, un des penseurs de la reconstruction de la France à partir des années cinquante, lui remit son histoire de l'architecture funéraire et des cimetières[10], une des hétérotopies de Foucault. Dans *Naissance de la clinique*[11], Foucault avait décrit comment l'anatomopathologie avait intégré la mort dans la connaissance de la vie; lui offrir l'histoire de l'intégration des cimetières dans la planification urbaine prouvait la parfaite complicité entre ses auditeurs et le conférencier: la négativité était au cœur de la rationalité. Elle était au cœur des analyses de Foucault, jusqu'à *Surveiller et punir*[12], en tout cas.

---

9 Expression utilisée par Foucault in «Questions à Michel Foucault sur la géographie», *Hérodote*, n° 1, 1976, p. 71-85; repris in *Dits et Écrits*, t. III, n° 169, Paris, Gallimard, 1994, p. 33.
10 R. Auzelle, *Dernières Demeures*, Paris, chez l'auteur, 13, place du Panthéon, 1965.
11 M. Foucault, *Naissance de la clinique*, Paris, PUF, 1963.
12 M. Foucault, *Surveiller et punir*, Paris, Gallimard, 1975. L'ouvrage présente le panoptique de Bentham comme «*un évé-nement dans l'histoire de l'esprit humain*» et propose une analyse du pouvoir en termes de production et non de répression.

l'archéologue du regard n'avait pas accroché le regard de l'architecte. Non, ce n'était pas le bouquin *(Les Mots et les Choses)* qui portait en germe une nouvelle conception de l'urbanisme, bouquin dont le philosophe attendait bien qu'il provoquât des ruptures dans la pensée. Pourtant ces ruptures furent assez fracassantes, jusqu'au fracas de 1968 en tout cas, pour que Foucault en vint à quitter autant le tumulte de la gloire que celui des polémiques pour la sérénité du lumineux village de Sidi Bou Saïd, en haut du golfe de Carthage, et la paix – toujours difficile – de l'écriture. Hétérotopie vécue. Ce qui était tombé dans l'oreille de l'architecte, c'était ce langage mineur, un de ces jeux littéraires dont Foucault avait un plaisir gourmand, jubilation jugulée sans cesse par l'ascèse de l'écriture, retenue qui se lit dans la didactique de la conférence réécrite, elle, pour les architectes, mais ces jeux littéraires sont ici enfin retranscrits dans le respect de l'intégralité sonore où ils sont nés.

Utopies et hétérotopies
Le Cercle d'études architecturales fut animé entre 1960 et 1970 par Jean Dubuisson, son président, l'architecte du musée des Arts et Traditions populaires du bois de Boulogne, et Ionel Schein qui repérait les conférenciers à inviter au 38, boulevard Raspail. C'était un des rares cercles de réflexion des architectes sans rien de corporatiste où Ionel Schein jouissait dans les années cinquante et soixante de la flatteuse réputation d'agitateur d'idées et de «radicalisme en architecture[8]». Selon Jean

---
[8] Toutes ces informations sur le Cercle d'études architecturales m'ont été communiquées par P. Riboulet.

de noces, que ce temps soit au contraire cumulatif de temporalités – atemporel – dans le lieu de la bibliothèque ou du musée.

Ces unités spatio-temporelles, ces espaces-temps ont en commun d'être des lieux où je suis et ne suis pas, comme le miroir ou le cimetière ; ou bien où je suis un autre comme en la maison close, au village de vacances ou à la fête, carnavalisations de l'existence ordinaire. Ils ritualisent des clivages, des seuils, des déviations et les localisent.

Toutes les normes humaines ne sont pas universalisables: celles de la disciplinarisation du travail et celles de la transfiguration par la fête ne peuvent se dérouler dans la linéarité d'un même espace ou d'un même temps: il faut une forte ritualisation des ruptures, des seuils, des crises. Mais ces contre-espaces sont interpénétrés par tous les autres espaces qu'ils contestent: le miroir où je ne suis pas reflète le contexte où je suis, le cimetière est planifié comme la ville, il y a réverbération des espaces les uns sur les autres et pourtant discontinuités et ruptures. Il y a enfin comme un éternel retour de ces rituels spatio-temporels et sinon universalisation des mêmes formes, du moins une universalité de leur existence. Ils sont pris dans une synchronie et une diachronie spécifiques qui font d'eux un système signifiant parmi les systèmes de l'architecture. Ils ne reflètent pas la structure sociale ni celle de la production, ne sont pas un système socio-historique ni une idéologie mais des ruptures de la vie ordinaire, des imaginaires, des représentations polyphoniques de la vie, de la mort, de l'amour, d'Éros et Thanatos.

La lettre de Foucault du 2 mars 1967 laisse percer un dépit:

L'impossibilité où est notre pensée de penser cela, l'hétéroclite radical de la classification de Borges, témoignent d'une limite de la pensée; cette limite que l'on expérimente encore devant les classements propres aux cultures qui nous sont radicalement étrangères. Lorsque Victor Turner décrit comment les Ndembu de Zambie rassemblent dans une même classe les chasseurs, les veuves, les malades et les guerriers, cela n'implique ni espace d'appartenance conçu comme territoire commun, ni espace d'appartenance conçu comme embranchements définis par des propriétés formelles, comme celui dans lequel nous distribuons les règnes de la nature, ni la linéarité arbitraire d'un ordre alphabétique par lequel nos dictionnaires ordonnent dans l'espace l'hétéroclite. Il décrit un système d'analogies, de similitudes entre des propriétés symboliques dont il nous faut bien tracer sur une page blanche les interconnexions pour en comprendre le système ou l'«espace de similitudes». On ne peut penser sans le support d'un «espace d'ordre», sans cette «zone médiane» que Foucault qualifie d'archéologique, en dessous de nos perceptions, de nos discours, de nos savoirs où s'articulent le visible et l'énonçable : le langage, le regard et l'espace.

Foucault fit à la radio le 7 décembre 1966 un tout autre usage de sa notion d'hétérotopie. D'abord elle ne relève plus d'une analyse des discours mais des espaces. Des lieux aussi hétéroclites que le miroir, le cimetière, la maison close ou le village de vacances polynésien à Djerba entrent dans une catégorie spécifique d'espaces-temps, que ce temps soit provisoire comme celui unique de la défloration dans l'espace du voyage d'Indiens ou le lit des parents, «*véritables utopies localisées*», il avait rêvé d'une science qui aurait pour objet «*ces espaces différents qui sont la contestation des espaces où nous vivons*», "*non pas une science des utopies mais des hétérotopies, science des espaces absolument autres. Cette science ou hétérotopologie qui est en train de naître, qui existe déjà*» et dont il énonça ce jour-là les principes.

Les interventions de Foucault sur les ondes – où il se révélait un merveilleux conteur – répondaient à l'énorme curiosité suscitée depuis le printemps 1966 par la parution de Les Mots et les Choses[6]. Le livre s'ouvrait sur la description d'une improbable encyclopédie chinoise inventée par Borges où les animaux se distribuaient en quatorze classes de ce type : a) appartenant à l'Empereur ; b) embaumés ; c) apprivoisés… ; k) dessinés avec un pinceau très fin en poils de chameau ; l) *et cætera* ; m) qui viennent de casser la cruche… Ce «*désordre qui fait scintiller les fragments d'un grand nombre d'ordres possibles*», Foucault l'avait baptisé «*hétérotopie*». Le terme s'opposait à utopie, étymologiquement non-lieu et non pas eutopie, bon lieu, comme on tend à le croire. Mais si les utopies racontent un lieu qui n'existe pas, elles se déploient dans un espace imaginaire «*et par là sont dans le droit fil du discours*» car depuis le fond des temps le langage s'entrecroise à l'espace. La liste de Borges au contraire arrête les mots sur eux-mêmes car «*l'hétérotopie ruine non seulement la syntaxe des phrases mais celle moins manifeste qui fait tenir ensemble les mots et les choses*[7]».

---

6 M. Foucault, Les Mots et les Choses, Paris, Gallimard, 1966.
7 M. Foucault, *Les Mots et les Choses, op. cit.*, préface, p. 9.

l'«*hererotopology*[3]»? Mais peut-on interpréter l'écart entre ces deux dates, 1967-1984, et l'histoire de ce silence comme l'histoire d'une non-réception? Les notions de réception[4] et de non-réception offrent-elles une grille d'analyse assez fine pour cerner une série de transformations tant des discours esthétiques, épistémologiques et politiques des architectes et urbanistes dans ces mêmes vingt années que de la problématique de l'espace dans les écrits de Foucault?

Langage et espace

«*Te souviens-tu de ce télégramme qui nous avait fait tant rire où un architecte voyait une nouvelle conception de l'urbanisme? Mais ce n'était pas dans le bouquin, c'était finalement dans une conférence à la radio sur l'utopie. Ils me demandent de la refaire le 13 ou le 14 mars.*»

Cette lettre écrite de Sidi Bou Saïd le 2 mars 1967 est le témoignage le plus ancien de la rencontre de Foucault avec les architectes. Le 7 décembre 1966, dans le cadre d'une série radiophonique dite de «Culture française» consacrée à l'utopie, il avait été invité à parler d'«Utopie et Littérature[5]». Partant d'une évocation bachelardienne de ces espaces qui enchantent les jeux d'enfants que sont les greniers, le fond du jardin, la tente

---

3 Ed. Soja, "Remembrance of other spaces in the citadel LA", Stratégies, a Journal of Theory, Culture and Politics, 3, 1990, p. 1, 39. Article développé in Ed. Soja, Thirdspace, Journey to Los Angeles and Other Real Imagined Places, Cambridge (Mass.), Blackwell, 1996.
4 P. Bourdieu, "Qu'est-ce que faire parler un auteur? À propos de Michel Foucault», in Sociétés et représentations, n° spécial "Surveiller et punir vingt ans après", n° 3, nov. 1996, p. 13-18.
5 M. Foucault, *Utopie et hétérotopies*, archives sonores du 7 et 21 décembre 1966, Centre Michel Foucault, Bibliothèque de l'IMEC-Caen, rééditée par l'INA en 2004 en disque.

«HÉTÉROTOPIE»: TRIBULATIONS D'UN CONCEPT ENTRE VENISE, BERLIN ET LOS ANGELES[1]

Le 14 mars 1967, le Cercle d'études architecturales de Paris invitait Michel Foucault à prononcer une conférence sur l'espace, dont il proposait une analytique nouvelle, qu'il baptisait «hétérotopologie». Le texte de cette conférence connut une circulation restreinte, réservée aux membres de ce cercle sous forme de dactylogramme, à l'exception d'extraits en français parus en 1968 dans la revue italienne *L'Architettura*, jusqu'à sa publication à Berlin, à l'automne 1984, dans le cadre de l'exposition «Idée, processus, résultats» au Martin-Gropius-Bau[2].

Cette exposition était la principale des dix-sept manifestations par quoi l'International Bauausstellung (IBA) présentait au monde le bilan de ses activités de reconstruction et de rénovation de Berlin. Elle imaginait la réunification de la ville-capitale, laquelle semblait illustrer étrangement les «espaces autres» du texte de Foucault de 1967. En autorisant sa publication, peu avant sa mort, survenue le 25 juin 1984, le philosophe l'avait fait entrer *in extremis* dans le corpus de ses écrits autorisés.

Depuis, ce texte a été abondamment traduit et commenté. «Comment at-il pu rester inexploré pendant vingt ans? Comment n'at-on pas compris l'importance nouvelle de l'espace et de la spatialité» se demande Edward Soja, ardent promoteur californien de

---

[1] Un autre version de ce texte a paru en 1997 dans le catalogue de Documenta X, à Kassel.
[2] M. Foucault, «Des espaces autres», *L'Architettura, cronache e storia*, vol. XIII, n° 150, 1968, p. 822-823.

du xviiie siècle. On avait là l'exemple d'une société entièrement fermée sur elle-même, qui n'était rattachée par rien au reste du monde, sauf par le commerce et les bénéficies considérables que faisait la Société de Jésus.

Avec la colonie, on a une hétérotopie qui est en quelque sorte assez naïve pour vouloir réaliser une illusion. Avec la maison close, on a en revanche une hétérotopie qui est assez subtile ou habile pour vouloir dissiper la réalité avec la seule force des illusions. Et si l'on songe que le bateau, le grand bateau du xixe siècle, est un morceau d'espace flottant, un lieu sans lieu, vivant par lui-même, fermé sur soi, libre en un sens, mais livré fatalement à l'infini de la mer et qui, de port en port, de quartier à filles en quartier à filles, de bordée en bordée, va jusqu'aux colonies chercher ce qu'elles recèlent de plus précieux en ces jardins orientaux qu'on évoquait tout à l'heure, on comprend pourquoi le bateau a été pour notre civilisation – et ceci depuis le xvie siècle au moins – à la fois le plus grand instrument économique et notre plus grande réserve d'imagination. Le navire, c'est l'hétérotopie par excellence. Les civilisations sans bateaux sont comme les enfants dont les parents n'auraient pas un grand lit sur lequel on puisse jouer; leurs rêves alors se tarissent, l'espionnage y remplace l'aventure, et la hideur des polices la beauté ensoleillée des corsaires.

étaient attachées, et sans doute ces valeurs étaient-elles dues au prestige propre des hétérotopies. C'est ainsi qu'aux xviie et xviiie siècles, les sociétés puritaines anglaises ont essayé de fonder en Amérique des sociétés absolument parfaites; c'est ainsi qu'à la fin du xixe siècle et au début encore du xxe siècle, dans les colonies françaises, Lyautey et ses successeurs ont rêvé de sociétés hiérarchisées et militaires. Sans doute la plus extraordinaire de ces tentatives fut elle celle des jésuites au Paraguay. Au Paraguay, en effet, les jésuites avaient fondé une colonie merveilleuse, dans laquelle, la vie tout entière réglementée, le régime du communisme le plus parfait régnait, puisque les terres et les troupeaux appartenaient à tout le monde. Seul un petit jardin était attribué à chaque famille, les maisons étaient disposées en rangs réguliers le long de deux rues qui se coupaient à angle droit. Au fond de la place centrale du village, il y avait l'église; sur l'un des côtés, le collège; sur l'autre, la prison. Les jésuites réglementaient du soir au matin et du matin au soir, méticuleusement, toute la vie des colons. L'angélus sonnait à cinq heures du matin pour le réveil; puis il marquait le début du travail; à midi, la cloche rappelait les gens, hommes et femmes, qui avaient travaillé dans les champs; à six heures, on se réunissait pour dîner; et à minuit, la cloche sonnait à nouveau, c'était celle qu'on appelait la cloche du «réveil conjugal», car les jésuites, qui tenaient à ce que les colons se reproduisent, tiraient allègrement tous les soirs sur la cloche pour que la population puisse proliférer, ce qu'elle fit d'ailleurs, puisque de 130.000 qu'ils étaient au début de la colonisation jésuite, les Indiens étaient devenus 400.000 au milieu

On pourrait lui comparer l'hétérotopie des motels américains, où l'on entre avec sa voiture et sa maîtresse, et où la sexualité illégale se trouve à la fois abritée et cachée, tenue à l'écart, sans être pour autant laissée à l'air libre.

Enfin, il y a des hétérotopies qui *semblent* ouvertes, mais où seuls entrent véritablement ceux qui sont déjà initiés. On croit qu'on accède à ce qu'il y a de plus simple, de plus offert, et en fait on est au cœur du mystère; c'est du moins de cette façon-là qu'Aragon entrait autrefois dans les maisons closes: «*Encore aujourd'hui, ce n'est pas sans une certaine émotion collégienne que je franchis ces seuils d'excitabilité particulière. J'y poursuis le grand désir abstrait qui parfois se dégage des quelques figures que j'ai jamais aimées. Une ferveur se déploie. Pas un instant je ne pense au côté social des lieux. L'expression* maison de tolérance *ne peut se prononcer sérieusement.*»

C'est là sans doute qu'on rejoint ce qu'il y a de plus essentiel dans les hétérotopies. Elles sont la contestation de tous les autres espaces, une contestation qu'elles peuvent exercer de deux manières: ou bien, comme dans ces maisons closes dont parlait Aragon, en créant une illusion qui dénonce tout le reste de la réalité comme illusion, ou bien, au contraire, en créant réellement un autre espace réel aussi parfait, aussi méticuleux, aussi arrangé que le nôtre est désordonné, mal agencé et brouillon: c'est ainsi qu'ont fonctionné, au moins dans le projet des hommes, pendant un certain temps – au XVIIIe siècle surtout – les colonies. Bien sûr, ces colonies avaient une grande utilité économique, mais il y avait des valeurs imaginaires qui leur l'espace environnant. En général, on n'entre pas dans une hétérotopie comme dans un moulin, ou bien on y entre parce qu'on y est contraint (les prisons, évidemment), ou bien lorsque l'on s'est soumis à des rites, à une purification. Il y a même des hétérotopies qui sont entièrement consacrées à cette purification. Purification mi-religieuse et mi-hygiénique, comme dans les hammams des musulmans, ou comme dans le sauna des Scandinaves, purification seulement hygiénique, mais qui entraîne avec elle toutes sortes de valeurs religieuses ou naturalistes.

Il y a d'autres hétérotopies, au contraire, qui ne sont pas fermées sur le monde extérieur, mais qui sont pure et simple ouverture. Tout le monde peut y entrer, mais, à vrai dire, une fois qu'on y est entré, on s'aperçoit que c'est une illusion et qu'on n'est entré nulle part. L'hétérotopie est un lieu ouvert, mais qui a cette propriété de vous maintenir au dehors. Par exemple, en Amérique du Sud, dans les maisons du xviiie siècle, il y avait toujours, ménagée à côté de la porte d'entrée, mais *avant* la porte d'entrée, une petite chambre qui ouvrait directement sur le monde extérieur et qui était destinée aux visiteurs de passage; c'est-à-dire que n'importe qui, à n'importe quelle heure du jour et de la nuit, pouvait entrer dans cette chambre, pouvait s'y reposer, pouvait y faire ce qu'il voulait, pouvait partir le lendemain matin sans être vu ni reconnu par personne; mais, dans la mesure où cette chambre n'ouvrait d'aucune manière sur la maison elle-même, l'individu qui y était reçu ne pouvait jamais pénétrer à l'intérieur de la demeure familiale même. Cette chambre était une sorte d'hétérotopie entièrement extérieure.

vides au bord des villes, quelquefois même aux centres des villes, et qui se peuplent une ou deux fois par an de baraques, d'étalages, d'objets hétéroclites, de lutteurs, de femmes-serpents et de diseuses de bonne aventure. Il y a, plus récemment dans l'histoire de notre civilisation, les villages de vacances; je pense surtout à ces merveilleux villages polynésiens qui, sur les bords de la Méditerranée, offrent trois petites semaines de nudité primitive et éternelle aux habitants de nos villes. Les paillotes de Djerba, par exemple, sont parentes, en un sens, des bibliothèques et des musées, puisque ce sont des hétérotopies d'éternité – on invite les hommes à renouer avec la plus ancienne tradition de l'humanité – et en même temps, elles sont la négation de toute bibliothèque et de tout musée, puisqu'il ne s'agit pas, à travers elles, d'accumuler le temps mais, au contraire, de l'effacer et de revenir à la nudité, à l'innocence du premier péché. Il y a aussi, il y *avait*, plutôt, parmi ces hétérotopies de la fête, ces hétérotopies chroniques, la fête de tous les soirs dans les maisons closes d'autrefois, la fête qui commençait à six heures du soir, comme dans *La Fille Élisa*.

Enfin, d'autres hétérotopies sont liées, non pas à la fête, mais au passage, à la transformation, au labeur d'une régénération. C'étaient, au xixe siècle, les collèges et les casernes, qui devaient faire d'enfants des adultes, de villageois des citoyens, et de naïfs des déniaisés. Il y a surtout, de nos jours, les prisons.

Enfin, je voudrais proposer comme cinquième principe de l'hétérotopologie, ce fait: que les hétérotopies ont toujours un système d'ouverture et de fermeture qui les isole par rapport à en ce miroir. Le jardin, depuis le fond de l'Antiquité, est un lieu d'utopie. On a peut-être l'impression que les romans se situent facilement dans des jardins: c'est en fait que les romans sont sans doute nés de l'institution même des jardins. L'activité romanesque est une activité jardinière.

Il se trouve que les hétérotopies sont liées le plus souvent à des découpages singuliers du temps. Elles sont parentes, si vous voulez, des hétérochronies. Bien sûr, le cimetière est le lieu d'un temps qui ne s'écoule plus. D'une façon générale, dans une société comme la nôtre, on peut dire qu'il y a des hétérotopies qui sont les hétérotopies du temps quand il s'accumule à l'infini: les musées et les bibliothèques, par exemple. Aux xviie et xviiie siècles, les musées et les bibliothèques étaient des institutions singulières; ils étaient l'expression du goût de chacun. En revanche, l'idée de tout accumuler, l'idée, en quelque sorte, d'arrêter le temps, ou plutôt de le laisser se déposer à l'infini dans un certain espace privilégié, l'idée de constituer l'archive générale d'une culture, la volonté d'enfermer dans un lieu tous les temps, toutes les époques, toutes les formes et tous les goûts, l'idée de constituer un espace de tous les temps, comme si cet espace pouvait être lui-même définitivement hors du temps, c'est là une idée tout à fait moderne: le musée et la bibliothèque sont des hétérotopies propres à notre culture.

Il y a en revanche des hétérotopies qui sont liées au temps, non pas sur le mode de l'éternité, mais sur le mode de la fête: des hétérotopies non pas éternitaires mais chroniques. Le théâtre, bien sûr, mais aussi les foires, ces merveilleux emplacements cimetières pour tuberculeux; je pense à ce merveilleux cimetière de Menton, dans lequel ont été couchés les grands tuberculeux qui étaient venus, à la fin du xixe siècle, se reposer et mourir sur la Côte d'Azur: autre hétérotopie.

En général, l'hétérotopie a pour règle de juxtaposer en un lieu réel plusieurs espaces qui, normalement, seraient, devraient être incompatibles. Le théâtre, qui est une hétérotopie, fait succéder sur le rectangle de la scène toute une série de lieux étrangers. Le cinéma est une grande scène rectangulaire, au fond de laquelle, sur un espace à deux dimensions, l'on projette un espace à nouveau à trois dimensions. Mais peut-être le plus ancien exemple d'hétérotopie serait-il le jardin, création millénaire qui avait certainement en Orient une signification magique. Le traditionnel jardin persan est un rectangle qui est divisé en quatre parties, qui représentent les quatre éléments dont le monde est composé, et au milieu duquel, au point de jonction de ces quatre rectangles, se trouvait un espace sacré: une fontaine, un temple. Et, autour de ce centre, toute la végétation du monde, toute la végétation exemplaire et parfaite du monde devait se trouver réunie. Or, si l'on songe que les tapis orientaux étaient, à l'origine, des reproductions de jardins – au sens strict, des «jardins d'hiver» –, on comprend la valeur légendaire des tapis volants, des tapis qui parcouraient le monde. Le jardin est un tapis où le monde tout entier vient accomplir sa perfection symbolique et le tapis est un jardin mobile à travers l'espace. Était-il parc ou tapis ce jardin que décrit le conteur des *Mille et Une Nuits*? On voit que toutes les beautés du monde viennent se recueillir depuis une vingtaine d'années, la plupart des pays d'Europe ont essayé de faire disparaître les maisons de prostitution, avec un succès mitigé, on le sait, puisque le téléphone a substitué un réseau arachnéen et bien plus subtil à la vieille maison de nos aïeux. En revanche, le cimetière, qui est pour nous, dans notre expérience actuelle, l'exemple le plus évident de l'hétérotopie (le cimetière est absolument l'*autre* lieu), le cimetière n'a pas toujours joué ce rôle dans la civilisation occidentale. Jusqu'au xviiie siècle, il était au cœur de la cité, disposé là, au milieu de la ville, tout à côté de l'église; et, à vrai dire, on ne lui attachait aucune valeur solennelle. Sauf pour quelques individus, le sort commun des cadavres était tout simplement d'être jeté au charnier sans respect pour la dépouille individuelle. Or, d'une façon très curieuse, au moment même où notre civilisation est devenue athée, ou, du moins, *plus athée*, c'est-à-dire à la fin du xviiie siècle, on s'est mis à individualiser les squelettes. Chacun a eu droit à sa petite boîte et à sa petite décomposition personnelles. D'un autre côté, tous ces squelettes, toutes ces petites boîtes, tous ces cercueils, toutes ces tombes, tous ces cimetières ont été mis à part; on les a mis hors de la ville, à la limite de la cité, comme si c'était en même temps un centre et un lieu d'infection et, en quelque sorte, de contagion de la mort. Mais tout ceci ne s'est passé – il ne faut pas l'oublier – qu'au xixe siècle, et même dans le cours du Second Empire. C'est sous Napoléon III, en effet, que les grands cimetières parisiens ont été organisés à la limite des villes. Il faudrait aussi citer – et là on aurait en quelque sorte une surdétermination de l'hétérotopie – les collèges pour les garçons, il y avait le service militaire aussi, qui jouaient sans doute ce rôle: il fallait que les premières manifestations de la sexualité virile aient lieu *ailleurs*. Et après tout, pour les jeunes filles, je me demande si le voyage de noces n'était pas à la fois une sorte d'hétérotopie et d'hétérochronie: il ne fallait pas que la défloration de la jeune fille ait lieu dans la maison même où elle était née, il fallait que cette défloration ait lieu en quelque sorte *nulle part*.

Mais ces hétérotopies biologiques, ces hétérotopies de crise, disparaissent de plus en plus, et sont remplacées par des hétérotopies de déviation: c'est-à-dire que les lieux que la société ménage dans ses marges, dans les plages vides qui l'entourent, sont plutôt réservés aux individus dont le comportement est déviant par rapport à la moyenne ou à la norme exigée. De là les maisons de repos, de là les cliniques psychiatriques, de là également, bien sûr, les prisons. Il faudrait sans doute y joindre les maisons de retraite, puisque après tout l'oisiveté dans une société aussi affairée que la nôtre est comme une déviation – déviation d'ailleurs qui se trouve être une déviation biologique quand elle est liée à la vieillesse, et c'est une déviation, ma foi, constante, pour tous ceux du moins qui n'ont pas la discrétion de mourir d'un infarctus dans les trois semaines qui suivent leur mise à la retraite.

Second principe de la science hétérotopologique: au cours de son histoire, toute société peut parfaitement résorber et faire disparaître une hétérotopie qu'elle avait constituée auparavant, ou encore en organiser qui n'existaient pas encore. Par exemple,

Eh bien! je rêve d'une science – je dis bien une *science* – qui aurait pour objet ces espaces différents, ces autres lieux, ces contestations mythiques et réelles de l'espace où nous vivons. Cette science étudierait non pas les utopies, puisqu'il faut réserver ce nom à ce qui n'a vraiment aucun lieu, mais les *hétéro*-topies, les espaces absolument autres; et forcément, la science en question s'appellerait, s'appellera, elle s'appelle déjà «l'hétérotopologie».

De cette science qui est en train de naître, il faut donner les tout premiers rudiments. Premier principe: il n'y a probablement pas une société qui ne se constitue son hétérotopie ou ses hétérotopies. C'est là, sans doute, une constante de tout groupe humain. Mais à vrai dire, ces hétérotopies peuvent prendre, et prennent toujours, des formes extraordinairement variées, et peut-être n'y a-t-il pas, sur toute la surface du globe ou dans toute l'histoire du monde, une seule forme d'hétérotopie qui soit restée constante. On pourrait peut-être classer les sociétés, par exemple, selon les hétérotopies qu'elles préfèrent, selon les hétérotopies qu'elles constituent. Par exemple, les sociétés dites primitives ont des lieux privilégiés ou sacrés ou interdits – comme nous-mêmes d'ailleurs; mais ces lieux privilégiés ou sacrés sont en général réservés aux individus «en crise biologique». Il y a des maisons spéciales pour les adolescents au moment de la puberté; il y a des maisons spéciales réservées aux femmes à l'époque des règles; d'autres pour les femmes en couches. Dans notre société, ces hétérotopies pour les individus en crise biologique ont à peu près disparu. Remarquez qu'au xixe siècle encore, il y avait les cafés, les cinémas, les plages, les hôtels, et puis il y a les régions fermées du repos et du chez-soi. Or, parmi tous ces lieux qui se distinguent les uns des autres, il y en a qui sont *absolument* différents: des lieux qui s'opposent à tous les autres, qui sont destinés en quelque sorte à les effacer, à les neutraliser ou à les purifier. Ce sont en quelque sorte des *contre*-espaces. Ces contre-espaces, ces utopies localisées, les enfants les connaissent parfaitement. Bien sûr, c'est le fond du jardin, bien sûr, c'est le grenier, ou mieux encore la tente d'Indiens dressée au milieu du grenier, ou encore, c'est – le jeudi après-midi – le grand lit des parents. C'est sur ce grand lit qu'on découvre l'océan, puisqu'on peut y nager entre les couvertures; et puis ce grand lit, c'est aussi le ciel, puisqu'on peut bondir sur les ressorts; c'est la forêt, puisqu'on s'y cache; c'est la nuit, puisqu'on y devient fantôme entre les draps; c'est le plaisir, enfin, puisque, à la rentrée des parents, on va être puni.

Ces contre-espaces, à vrai dire, ce n'est pas la seule invention des enfants; je crois, tout simplement, parce que les enfants n'inventent jamais rien; ce sont les hommes, au contraire, qui ont inventé les enfants, qui leur ont chuchoté leurs merveilleux secrets; et ensuite, ces hommes, ces adultes s'étonnent, lorsque ces enfants, à leur tour, les leur cornent aux oreilles. La société adulte a organisé elle-même, et bien avant les enfants, ses propres contre-espaces, ses utopies situées, ces lieux réels hors de tous les lieux. Par exemple, il y a les jardins, les cimetières, il y a les asiles, il y a les maisons closes, il y a les prisons, il y a les villages du Club Méditerranée, et bien d'autres.

LES HÉTÉROTOPIES

Il y a donc des pays sans lieu et des histoires sans chronologie; des cités, des planètes, des continents, des univers, dont il serait bien impossible de relever la trace sur aucune carte ni dans aucun ciel, tout simplement parce qu'ils n'appartiennent à aucun espace. Sans doute ces cités, ces continents, ces planètes sont-ils nés, comme on dit, dans la tête des hommes, ou à vrai dire, dans l'interstice de leurs mots, dans l'épaisseur de leurs récits, ou encore dans le lieu sans lieu de leurs rêves, dans le vide de leurs cœurs; bref, c'est la douceur des utopies. Pourtant je crois qu'il y a – et ceci dans toute société – des utopies qui ont un lieu précis et réel, un lieu qu'on peut situer sur une carte; des utopies qui ont un temps déterminé, un temps qu'on peut fixer et mesurer selon le calendrier de tous les jours. Il est bien probable que chaque groupe humain, quel qu'il soit, découpe, dans l'espace qu'il occupe, où il vit réellement, où il travaille, des lieux utopiques, et, dans le temps où il s'affaire, des moments uchroniques.

Voici ce que je veux dire. On ne vit pas dans un espace neutre et blanc; on ne vit pas, on ne meurt pas, on n'aime pas dans le rectangle d'une feuille de papier. On vit, on meurt, on aime dans un espace quadrillé, découpé, bariolé, avec des zones claires et sombres, des différences de niveaux, des marches d'escalier, des creux, des bosses, des régions dures et d'autres friables, pénétrables, poreuses. Il y a les régions de passage, les rues, les trains, les métros; il y a les régions ouvertes de la halte transitoire, les

et originairement utopique du corps; c'est le miroir et c'est le cadavre qui font taire et apaisent et ferment sur une clôture – qui est maintenant pour nous scellée – cette grande rage utopique qui délabre et volatilise à chaque instant notre corps. C'est grâce à eux, c'est grâce au miroir et au cadavre que notre corps n'est pas pure et simple utopie. Or, si l'on songe que l'image du miroir est logée pour nous dans un espace inaccessible, et que nous ne pourrons jamais être là où sera notre cadavre, si l'on songe que le miroir et le cadavre sont eux-mêmes dans un invincible ailleurs, alors on découvre que seules des utopies peuvent refermer sur elles-mêmes et cacher un instant l'utopie profonde et souveraine de notre corps.

Peut-être faudrait-il dire aussi que faire l'amour, c'est sentir son corps se refermer sur soi, c'est enfin exister hors de toute utopie, avec toute sa densité, entre les mains de l'autre. Sous les doigts de l'autre qui vous parcourent, toutes les parts invisibles de votre corps se mettent à exister, contre les lèvres de l'autre les vôtres deviennent sensibles, devant *ses* yeux miclos votre visage acquiert une certitude, il y a un regard enfin pour voir vos paupières fermées. L'amour, lui aussi, comme le miroir et comme la mort, apaise l'utopie de votre corps, il la fait taire, il la calme, il l'enferme comme dans une boîte, il la clôt et il la scelle. C'est pourquoi il est si proche parent de l'illusion du miroir et de la menace de la mort; et si malgré ces deux figures périlleuses qui l'entourent, on aime tant faire l'amour, c'est parce que dans l'amour le corps est *ici*.

est le point zéro du monde, là où les chemins et les espaces viennent se croiser le corps n'est nulle part: il est au cœur du monde ce petit noyau utopique à partir duquel je rêve, je parle, j'avance, j'imagine, je perçois les choses en leur place et je les nie aussi par le pouvoir indéfini des utopies que j'imagine. Mon corps est comme la Cité du Soleil, il n'a pas de lieu, mais c'est de lui que sortent et que rayonnent tous les lieux possibles, réels ou utopiques.

Après tout, les enfants mettent longtemps à savoir qu'ils ont un corps. Pendant des mois, pendant plus d'une année, ils n'ont qu'un corps dispersé, des membres, des cavités, des orifices, et tout ceci ne s'organise, tout ceci ne prend littéralement corps que dans l'image du miroir. D'une façon plus étrange encore, les Grecs d'Homère n'avaient pas de mot pour désigner l'unité du corps. Aussi paradoxal que ce soit, devant Troie, sous les murs défendus par Hector et ses compagnons, il n'y avait pas de corps, il y avait des bras levés, il y avait des poitrines courageuses, il y avait des jambes agiles, il y avait des casques étincelants au-dessus des têtes: il n'y avait pas de corps. Le mot grec qui veut dire corps n'apparaît chez Homère que pour désigner le cadavre. C'est ce cadavre, par conséquent, c'est le cadavre et c'est le miroir qui nous enseignent (enfin, qui ont enseigné aux Grecs et qui enseignent maintenant aux enfants) que nous avons un corps, que ce corps a une forme, que cette forme a un contour, que dans ce contour il y a une épaisseur, un poids; bref, que le corps occupe un lieu. C'est le miroir et c'est le cadavre qui assignent un espace à l'expérience profondément ou civil fait entrer l'individu dans l'espace clos du religieux ou dans le réseau invisible de la société, alors on voit que tout ce qui touche au corps – dessin, couleur, diadème, tiare, vêtement, uniforme –, tout cela fait épanouir sous une forme sensible et bariolée les utopies scellées dans le corps.

Mais peut-être faudrait-il descendre encore au-dessous du vêtement, peut-être faudrait-il atteindre la chair elle-même, et alors on verrait que dans certains cas, à la limite, c'est le corps lui-même qui retourne contre soi son pouvoir utopique et fait entrer tout l'espace du religieux et du sacré, tout l'espace de l'autre monde, tout l'espace du contre-monde, à l'intérieur même de l'espace qui lui est réservé. Alors, le corps, dans sa matérialité, dans sa chair, serait comme le produit de ses propres fantasmes. Après tout, est-ce que le corps du danseur n'est pas justement un corps dilaté selon tout un espace qui lui est intérieur et extérieur à la fois ? Et les drogués aussi, et les possédés ; les possédés, dont le corps devient enfer ; les stigmatisés, dont le corps devient souf-france, rachat et salut, sanglant paradis.

J'étais sot, vraiment, tout à l'heure, de croire que le corps n'était jamais ailleurs, qu'il était un ici irrémédiable et qu'il s'opposait à toute utopie.

Mon corps, en fait, il est *toujours* ailleurs, il est lié à tous les ailleurs du monde, et à vrai dire il est ailleurs que dans le monde. Car c'est autour de lui que les choses sont disposées, c'est par rapport à lui – et par rapport à lui comme par rapport à un souverain – qu'il y a un dessus, un dessous, une droite, une gauche, un avant, un arrière, un proche, un lointain. Le corps lieu qui n'a pas de lieu directement dans le monde, ils font de ce corps un fragment d'espace imaginaire qui va communiquer avec l'univers des divinités ou avec l'univers d'autrui. On sera saisi par les dieux ou on sera saisi par la personne qu'on vient de séduire. En tout cas, le masque, le tatouage, le fard sont des opérations par lesquelles le corps est arraché à son espace propre et projeté dans un autre espace.

Écoutez par exemple ce conte japonais et la manière dont un tatoueur fait passer dans un univers qui n'est pas le nôtre le corps de la jeune fille qu'il désire: «*Le soleil dardait ses rayons sur la rivière et incendiait la chambre aux sept nattes. Ses rayons réfléchis sur la surface de l'eau formaient un dessin de vagues dorées sur le papier des paravents et sur le visage de la jeune fille profondément endormie. Seikichi, après avoir tiré les cloisons, prit en mains ses outils de tatouage. Pendant quelques instants, il demeura plongé dans une sorte d'extase. C'est à présent qu'il goûtait pleinement l'étrange beauté de la jeune fille. Il lui semblait qu'il pouvait rester assis devant ce visage immobile pendant des dizaines et des centaines d'années sans jamais ressentir ni fatigue ni ennui. Comme le peuple de Memphis embellissait jadis la terre magnifique d'Égypte de pyramides et de sphinx, ainsi Seikichi de tout son amour voulut embellir de son dessin la peau fraîche de la jeune fille. Il lui appliqua aussitôt la pointe de ses pinceaux de couleur tenus entre le pouce, l'annulaire et le petit doigt de la main gauche, et à mesure que les lignes étaient dessinées, il les piquait de son aiguille tenue de la main droite.*»

Et si on songe que le vêtement sacré, ou profane, religieux

leur modèle et leur point premier d'application, elles avaient leur lieu d'origine dans mon corps lui-même. J'avais bien tort, tout à l'heure, de dire que les utopies étaient tournées contre le corps et destinées à l'effacer: elles sont nées du corps lui-même et se sont peut-être ensuite retournées contre lui.

En tout cas, il y a une chose certaine, c'est que le corps humain est l'acteur principal de toutes les utopies. Après tout, une des plus vieilles utopies que les hommes se sont racontées à eux-mêmes, n'est-ce pas le rêve de corps immenses, démesurés, qui dévoreraient l'espace et maîtriseraient le monde? C'est la vieille utopie des géants, qu'on trouve au cœur de tant de légendes, en Europe, en Afrique, en Océanie, en Asie; cette vieille légende qui a si longtemps nourri l'imagination occidentale, de Prométhée à Gulliver.

Le corps aussi est un grand acteur utopique, quand il s'agit des masques, du maquillage et du tatouage. Se masquer, se maquiller, se tatouer, ce n'est pas exactement, comme on pourrait se l'imaginer, acquérir un autre corps, simplement un peu plus beau, mieux décoré, plus facilement reconnaissable; se tatouer, se maquiller, se masquer, c'est sans doute tout autre chose, c'est faire entrer le corps en communication avec des pouvoirs secrets et des forces invisibles. Le masque, le signe tatoué, le fard déposent sur le corps tout un langage: tout un langage énigmatique, tout un langage chiffré, secret, sacré, qui appelle sur ce même corps la violence du dieu, la puissance sourde du sacré ou la vivacité du désir. Le masque, le tatouage, le fard placent le corps dans un autre espace, ils le font entrer dans un m'y attends, je sais ce qu'est être nu; pourtant, ce même corps qui est si visible, il est retiré, il est capté par une sorte d'invisibilité de laquelle jamais je ne peux le détacher. Ce crâne, ce derrière de mon crâne que je peux tâter, là, avec mes doigts, mais voir, jamais; ce dos, que je sens appuyé contre la poussée du matelas sur le divan, quand je suis allongé, mais que je ne surprendrai que par la ruse d'un miroir; et qu'est-ce que c'est que cette épaule, dont je connais avec précision les mouvements et les positions, mais que je ne saurai jamais voir sans me contourner affreusement. Le corps, fantôme qui n'apparaît qu'au mirage des miroirs, et encore, d'une façon fragmentaire. Est-ce que vraiment j'ai besoin des génies et des fées, et de la mort et de l'âme, pour être à la fois indissociablement visible et invisible? Et puis, ce corps, il est léger, il est transparent, il est impondérable; rien n'est moins chose que lui: il court, il agit, il vit, il désire, il se laisse traverser sans résistance par toutes mes intentions. Hé oui! Mais jusqu'au jour où j'ai mal, où se creuse la caverne de mon ventre, où se bloquent, où s'engorgent, où se bourrent d'étoupe ma poitrine et ma gorge. Jusqu'au jour où s'étoile au fond de ma bouche le mal aux dents. Alors, alors là, je cesse d'être léger, impondérable, etc.; je deviens chose, architecture fantastique et ruinée.

Non, vraiment, il n'est pas besoin de magie ni de féerie, il n'est pas besoin d'une âme ni d'une mort pour que je sois à la fois opaque et transparent, visible et invisible, vie et chose: pour que je sois utopie, il suffit que je sois un *corps*. Toutes ces utopies par lesquelles j'esquivais mon corps, elles avaient tout simplement sur lui, l'ont fait disparaître en un tournemain, ont soufflé sur sa lourdeur, sur sa laideur, et me l'ont restitué éblouissant et perpétuel.

Mais mon corps, à vrai dire, ne se laisse pas réduire si facilement. Il a, après tout, lui-même, ses ressources propres de fantastique; il en possède, lui aussi, des lieux sans lieu et des lieux plus profonds, plus obstinés encore que l'âme, que le tombeau, que l'enchantement des magiciens. Il a ses caves et ses greniers, il a ses séjours obscurs, il a ses plages lumineuses. Ma tête, par exemple, ma tête: quelle étrange caverne ouverte sur le monde extérieur par deux fenêtres, deux ouvertures, j'en suis bien sûr, puisque je les vois dans le miroir; et puis, je peux fermer l'une ou l'autre séparément. Et pourtant, il n'y en a qu'une seule, de ces ouvertures, car je ne vois devant moi qu'un seul paysage, continu, sans cloison ni coupure. Et dans cette tête, comment est-ce que les choses se passent? Eh bien, les choses viennent se loger en elle. Elles y entrent – et ça, je suis bien sûr que les choses entrent dans ma tête quand je regarde, puisque le soleil, quand il est trop fort et m'éblouit, va déchirer jusqu'au fond de mon cerveau –, et pourtant ces choses qui entrent dans ma tête demeurent bien à l'extérieur, puisque je les vois devant moi et que, pour les rejoindre, je dois m'avancer à mon tour.

Corps incompréhensible, corps pénétrable et opaque, corps ouvert et fermé: corps utopique. Corps absolument visible, en un sens: je sais très bien ce que c'est qu'être regardé par quelqu'un d'autre de la tête aux pieds, je sais ce que c'est qu'être épié par-derrière, surveillé par-dessus l'épaule, surpris quand je utopie de leurs corps glorieux, puissants, solaires, terreur des armées. Il y a eu les peintures et les sculptures des tombeaux; les gisants, qui depuis le Moyen âge prolongent dans l'immobilité une jeunesse qui ne passera plus. Il y a maintenant, de nos jours, ces simples cubes de marbre, corps géométrisés par la pierre, figures régulières et blanches sur le grand tableau noir des cimetières. Et dans cette cité d'utopie des morts, voilà que mon corps devient solide comme une chose, éternel comme un dieu.

Mais peut-être la plus obstinée, la plus puissante de ces utopies par lesquelles nous effaçons la triste topologie du corps, c'est le grand mythe de l'âme qui nous la fournit depuis le fond de l'histoire occidentale. L'âme fonctionne dans mon corps d'une façon bien merveilleuse. Elle y loge, bien sûr, mais elle sait bien s'en échapper: elle s'en échappe pour voir les choses, à travers les fenêtres de mes yeux, elle s'en échappe pour rêver quand je dors, pour survivre quand je meurs. Elle est belle, mon âme, elle est pure, elle est blanche; et si mon corps boueux – en tout cas pas très propre – vient à la salir, il y aura bien une vertu, il y aura bien une puissance, il y aura bien mille gestes sacrés qui la rétabliront dans sa pureté première. Elle durera longtemps, mon âme, et plus que longtemps, quand mon vieux corps ira pourrir. Vive mon âme! C'est mon corps lumineux, purifié, vertueux, agile, mobile, tiède, frais; c'est mon corps lisse, châtré, arrondi comme une bulle de savon.

Et voilà! Mon corps, par la vertu de toutes ces utopies, a disparu. Il a disparu comme la flamme d'une bougie qu'on souffle. L'âme, les tombeaux, les génies et les fées ont fait main basse être regardé; sous cette peau, croupir. Mon corps, c'est le lieu sans recours auquel je suis condamné. Je pense, après tout, que c'est contre lui et comme pour l'effacer qu'on a fait naître toutes ces utopies. Le prestige de l'utopie, la beauté, l'émerveillement de l'utopie, à quoi sont-ils dus? L'utopie, c'est un lieu hors de tous les lieux, mais c'est un lieu où j'aurai un corps *sans corps*, un corps qui sera beau, limpide, transparent, lumineux, véloce, colossal dans sa puissance, infini dans sa durée, délié, invisible, protégé, toujours transfiguré; et il se peut bien que l'utopie première, celle qui est la plus indéracinable dans le cœur des hommes, ce soit précisément l'utopie d'un corps incorporel. Le pays des fées, le pays des lutins, des génies, des magiciens, eh bien, c'est le pays où les corps se transportent aussi vite que la lumière, c'est le pays où les blessures guérissent avec un baume merveilleux le temps d'un éclair, c'est le pays où on peut tomber d'une montagne et se relever vivant, c'est le pays où on est visible quand on veut, invisible quand on le désire. S'il y a un pays féerique, c'est bien pour que j'y sois prince charmant et que tous les jolis gommeux deviennent poilus et vilains comme des oursons.

Mais il y a aussi une utopie qui est faite pour effacer les corps. Cette utopie, c'est le pays des morts, ce sont les grandes cités utopiques que nous a laissées la civilisation égyptienne. Les momies, après tout, qu'est-ce que c'est? C'est l'utopie du corps nié et transfiguré. La momie, c'est le grand corps utopique qui persiste à travers le temps. Il y a eu aussi les masques d'or que la civilisation mycénienne posait sur les visages des rois défunts:

LE CORPS UTOPIQUE

Ce lieu que Proust, doucement, anxieusement, vient occuper de nouveau à chacun de ses réveils, à ce lieu-là, dès que j'ai les yeux ouverts, je ne peux plus échapper. Non pas que je sois par lui cloué sur place – puisque après tout je peux non seulement bouger et remuer, mais je peux *le «bouger»*, *le remuer*, le changer de place –, seulement voilà: je ne peux pas me déplacer sans lui; je ne peux pas le laisser là où il est pour m'en aller, moi, ailleurs. Je peux bien aller au bout du monde, je peux bien me tapir, le matin, sous mes couvertures, me faire aussi petit que je pourrais, je peux bien me laisser fondre au soleil sur la plage, il sera toujours là où je suis. Il est ici irréparablement, jamais ailleurs. Mon corps, c'est le contraire d'une utopie, ce qui n'est jamais sous un autre ciel, il est le lieu absolu, le petit fragment d'espace avec lequel, au sens strict, je fais corps.

Mon corps, *topie* impitoyable. Et si, par bonheur, je vivais avec lui dans une sorte de familiarité usée, comme avec une ombre, comme avec ces choses de tous les jours que finalement je ne vois plus et que la vie a passées à la grisaille; comme avec ces cheminées, ces toits qui moutonnent chaque soir devant ma fenêtre? Mais tous les matins, même présence, même blessure; sous mes yeux se dessine l'inévitable image qu'impose le miroir: visage maigre, épaules voûtées, regard myope, plus de cheveux, vraiment pas beau. Et c'est dans cette vilaine coquille de ma tête, dans cette cage que je n'aime pas, qu'il va falloir me montrer et me promener; à travers cette grille qu'il faudra parler, regarder,

7   O CORPO UTÓPICO

19   AS HETEROTOPIAS

33   POSFÁCIO,
     POR DANIEL DEFERT

Dados Internacionais de Catalogação na Publicação (CIP)
(Câmara Brasileira do Livro, SP, Brasil)

Foucault, Michel, 1926-1984.
   O corpo utópico ; As heterotopias / Michel
Foucault ; posfácio de Daniel Defert ;
[tradução Salma Tannus Muchail]. -- São Paulo :
n-1 Edições, 2013.

   Título original: Les corps utopique ; Les
hétérotopies
   Edição bilíngue: português/francês.

   1. Corpos (Filosofia) 2. Espaço (Filosofia)
3. Utopias I. Defert, Daniel. II. Título.
III. Título: As heterotopias. IV. Série.

13-12753   CDD-321.07

   Índices para catálogo sistemático:
   1. Utopias : Ciência política 321.07

MICHEL FOUCAULT
O CORPO UTÓPICO, AS HETEROTOPIAS

POSFÁCIO DE DANIEL DEFERT

Tradução de SALMA TANNUS MUCHAIL

n-1 edições

O CORPO UTÓPICO,
AS HETEROTOPIAS
com posfácio de Daniel Defert

© Nouvelles Éditions Lignes, 2009
© n-1 edições, 2013

Edição bilíngue: Português - Francês
ISBN 978-85-66943-07-8

"O corpo utópico" e "As heterotopias" são duas conferências radiofônicas, proferidas por Michel Foucault, nos dias 7 e 21 de dezembro de 1966, no France-Culture. Estas conferências foram objeto de uma edição em áudio com o título de "Utopias e heterotopias" (INA-Mémoires vives, 2004). A conferência "As heterotopias" foi publicada em texto numa edição reduzida, revista pelo autor, sob o título de "Des espaces autres", pela Éditions Gallimard, em Dits et Écrits, vol. IV, 1994.

Embora adote a maioria dos usos editoriais do âmbito brasileiro e finlandês, n-1 edições não segue necessariamente as convenções das instituições normativas, pois considera a edição um trabalho de criação que deve interagir com a pluralidade de linguagens e a especificidade de cada obra publicada.

Coordenação editorial: Peter Pál Pelbart e Ricardo Muniz Fernandes
Assistente Editorial: Inês Mendonça
Tradução: Salma Tannus Muchail
Revisão: Maruzia Dultra
Projeto Gráfico: Érico Peretta

A reprodução parcial deste livro sem fins lucrativos, para uso privado ou coletivo, em qualquer meio impresso ou eletrônico, está autorizada, desde que citada a fonte. Se for necessária a reprodução na íntegra, solicita-se entrar em contato com os editores.

n-1edicoes.org

Este livro, publicado no âmbito do programa de auxílio à publicação 2013 Carlos Drummond de Andrade da Mediateca da Maison de France contou com o apoio do Ministério francês das Relações Exteriores e Europeias.

Cet ouvrage, publié dans le cadre du Programme d'Aide à la Publication 2013 Carlos Drummond de Andrade de la Médiathèque de la Maison de France, bénéficie du soutien du Ministère français des Affaires Etrangères et Européennes.

Este livro contou com o apoio dos Programas de auxílio à publicação do Instituto francês

Cet ouvrage a bénéficié du soutien des Programmes d'aide à la publication de l'Institut français.

Impresso em São Paulo
2ª edição | Outubro, 2021

O CORPO UTÓPICO,
AS HETEROTOPIAS